国家社科基金重点项目“任继愈哲学文献整理与研究”成果

任继愈哲学研究丛书

哲思递嬗

——任继愈的哲学之路

胡朝阳 著

RENJIYU ZHEXUE YANJIU CONGSHU
ZHESI DISHAN
——REN JIYU DE ZHEXUE ZHI LU

GUANGXI NORMAL UNIVERSITY PRESS
广西师范大学出版社

·桂林·

图书在版编目（CIP）数据

哲思递嬗：任继愈的哲学之路 / 胡朝阳著. --桂林：广西师范大学出版社，2021.9
（任继愈哲学研究丛书）
ISBN 978-7-5598-4072-1

Ⅰ．①哲… Ⅱ．①胡… Ⅲ．①任继愈(1916-2009)－哲学思想－研究 Ⅳ．①B26

中国版本图书馆 CIP 数据核字（2021）第 150841 号

广西师范大学出版社发行
（广西桂林市五里店路 9 号 邮政编码：541004
网址：http://www.bbtpress.com）
出版人：黄轩庄
全国新华书店经销
三河市三佳印刷装订有限公司印刷
（河北省三河市杨庄镇杨庄村 邮政编码：065200）
开本：880 mm ×1 240 mm 1/32
印张：8.5 字数：152 千
2021 年 9 月第 1 版 2021 年 9 月第 1 次印刷
定价：48.00 元

序　言

任继愈先生是中国马克思主义宗教学的开创者和奠基人，也是以马克思主义为指导研究中国哲学的优秀代表。他主编的《中国哲学史》（四卷本）多次再版，培养了一代又一代中国哲学研究者。在中国哲学研究领域奉苏联研究模式为经典的时代，他是质疑这个模式并提出补充意见的年轻教师；在传统文化研究领域一致认为中国古代是“无宗教国”的学术定说面前，他提出了“儒教就是宗教”这个令世人普遍震惊的判断。“文化大革命”以前，他的研究，曾经受到毛泽东主席的密切关注；他的影响，已经超出了中国哲学之外。“文化大革命”以后，他又主编立一家之言的《中国哲学发展史》，主编为后人准备资料的《中华大典·哲学典》。他四译《老子》，深入探讨研究中国哲学的方法；他多次著文，探讨中国哲学的发展规律。其中一些在中华人民共和国历史上具有历史文化意义的重要事件，已经为学界甚至一般读者所熟知。迄今为止，任继愈的名字，已经成为当代在马克思主义指导下研究中国哲学的一个符号，一面旗帜。

因此，任继愈先生的学术贡献和学术道路，也成为人们，特别是学术界关注的重要问题。他逝世不久，就有不止一部详略不同的传记问世。至于研究他的为人与为学的单篇论著，更是所在多有。这些著作，都从不同侧面展示了任继愈先生的学术贡献，也激励着不少学人在任继愈先生开辟的学术道路上继续前进。

随着研究的深入，不少人已经不满足于一般的传记和单篇的研究，而是希望能系统地了解任继愈先生在中国哲学研究中所走过的学术道路，所做出的学术贡献。胡朝阳博士这部《哲思递嬗——任继愈的哲学之路》，既是近年来任继愈研究的延续和深入，也为那些有意进一步了解先生学术道路和学术贡献的人们提供了一份可靠的参考。

本书概述了任继愈先生从有志于一般哲学到献身中国哲学研究的思想进程，描述了先生从信奉儒家学说到成为优秀马克思主义者的思想转变。本书特别强调了先生在学术道路上始终如一的求真精神，包括 1957 年在中国哲学研究座谈会上对日丹诺夫定义的质疑，包括在“文化大革命”期间“评儒批法”政治高压下对马克思主义哲学立场的坚守，还包括在此起彼伏的各种热潮喧嚣中总能保持住一个严肃学者清醒的头脑。

任继愈先生的中国哲学研究，最为人瞩目的成就，就是做出了“儒教是宗教”的判断，本书探讨了做出这个判断的动因，为人们深入理解这个判断的意义提供了新的参考。任继愈先生对待传统文化的态度，也是学界关注的重要话题。本书不仅深入探讨了先生主张批判继承的基本原则，还用专节论述了先生提出的文化传播“势差规律”。所谓“势差规律”，就是说，文化传播和水的流动、热的传导一样，也是“由高向低”的过程。因此，先进的文化可以替代落后的文化，落后的、已经被历史宣布为过时的文化，要想替代先进文化，是不可能的。先生关于势差规律的论述，仅仅是一篇不长的论文，然而其中所揭示的文化传播规律，却和热力学定律一样，具有高度普遍的意义。本书用专节论述先生的这个发现，也是独具慧眼之处。

至于任继愈先生对中国哲学发展历史各个方面所做出的重要判断，对中国哲学发展规律的探索，本书都有深入的探讨和心得，读者也可从书中获得较为完整的了解。

一个人，一种学说，在历史发展中的意义，往往要待历史发展到一定阶段以后，才有可能被人们所认识。因此，本书对于任继愈先生在中国哲学研究中所做贡献的研究，还仅仅是初步的。愿本书能够成为这方面研究的一个阶梯，一颗铺路的石子，为后人的进一步研究提供某些方便。

李申

2018 年 5 月 19 日星期六

前　言

在中国现代哲学史上，任继愈是兼具哲学家与中国哲学史家双重身份的学者之一，是为数不多的有创造性的哲学家之一。

任继愈终其一生都致力于中国哲学史研究，为中国哲学的未来发展开辟道路。他早年信奉儒学，认为中国文化的优良传统是由儒家体现的，并相信宋明理学讲的道理是真理，是儒教信奉者。中华人民共和国成立之后，接受马克思主义哲学，成为坚定的马克思主义者，用马克思主义来指导中国哲学史研究，坚持辩证唯物主义和历史唯物主义，批判性地继承中国传统文化的精华，立足于中国传统哲学的儒、释、道三教哲学开展中国哲学史研究，从而发现了中国哲学史上存在的宗教哲学问题，晚年更是对中国哲学的未来充满自信，提出文化发展的势差规律。笔者认为，在他的中国哲学史研究之中，求真的精神始终如一，不管是早年对中华民族真精神的认识与反思，还是1957年在中国哲学史座谈会上公开质疑日丹诺夫的哲学史定义，不管是在“文化大革命”期间“评儒批法”政治高压之下对马克思主义的坚守，还是所谓“新儒家”们鼓噪的“文化热”与“国学热”之下对中国哲学真知的探求，他都始终坚持马克思主义哲学作为时代真理对于中国哲学史研究的价值。也正因为如此，任继愈自主开辟的中国哲学史研究之路，才为中国现代哲学的未来开辟了一条切实可行的道路，其取得的诸多有价值的思想成果可资后继者借鉴。

本书以任继愈的相关哲学文献为线索，初步梳理他在中国哲学史研究领域思想变化的脉络，把他的中国哲学史研究划分为四个阶段进行论述：民国后期（1942—1948）任继愈的中国哲学史研究；中华人民共和国成立初期（1949—1957）任继愈的中国哲学史研究；“文化大革命”前后时期（1958—1978）任继愈的中国哲学史研究；改革开放后（1979—2009）任继愈的中国哲学史研究。

回望当代中国哲学的发展进程，任继愈的中国哲学史研究是坚持马克思主义的立场、观点和方法来践行认识中国哲学本来面目的学术探究。在经过半个多世纪的哲学思想积累之后，任继愈的中国哲学史研究厚积而薄发，终于为创建中国特色社会主义的新文化给出了具体、深入且富有启发性的哲思，为肃清中国传统文化的精华与糟粕开辟了道路，为建设中国特色社会主义新文化贡献了智慧之思，是当之无愧的哲学家和中国哲学史家。

目　录

引 论

19 世纪的中国处身之世界，是资本主义极度膨胀扩张的世界，这样的“近现代”[1]世界于中国而言，意味着外部环境已然发生了重大的变化。遭逢“数千年未有之变局”和“数千年未有之强敌”的危局，传统中国在这个资本搅动的世界历史进程中走得跌跌撞撞而步履艰辛[2]。曾经辉煌灿烂、傲视寰宇，对世界文明进程做出诸多贡献的古代中国，经鸦片战争一役被强力拖入近代中国，天朝上国的幻梦破灭，国耻和国难纷至沓来、日甚一日。此时的中国，屡遭强敌欺凌而多灾多难，救亡图存的风潮轮次迭起，中华民族背负着耻辱与苦难逆

---

① 近现代的指称范围首先是一个具有实质内容的时间性概念。所谓“实质内容”具体指“近代化（工业化）”或“现代化”，而“时间性”在本文之中则是指把中国近现代哲学研究的时间展开及其跨度限定在1840年鸦片战争至1949年中华人民共和国成立这个范围。

② 李鸿章：《李文忠公全集·奏折》卷二十四，《复奏海防事宜疏》：“今则东南海疆万余里，各国通商传教，来往自如，麇集京师及各省腹地，阳托和好之名，阴怀吞噬之计，一国生事，诸国构煽，实为数千年未有之变局。轮船电报之速，瞬息千里；军器机事之精，工力万倍；炮弹所到，无坚不摧，水路关隘，不足限制，又为数千年来未有之强敌。”

行在腥风血雨之中。历史的年轮行进至1931年的日本侵华，中华民族再遭蹂躏，但终经十四年正义与邪恶之较量，国民于漫天烽火之中奋力挣扎以求生存，民族精神方有激扬转变之势。抗战胜利，本应铸剑为犁，以和平发展为先，各派势力本应齐心襄助国事开拓新局为要，然国民党挟独裁之心而悍发内战，国共之争遂定国家民族未来之命运。中华人民共和国初建，民族奋起复兴之黎明曙光初显，振兴中华之希望乍现，但社会主义建设经验不足，挫折难免。改革开放，实事求是的精神重回神州大地，求真务实再次成为中华民族谋求生存与发展的共知与共识。

正是在这个中国社会剧烈变动的历史进程之中，一个灿若星辰的中国哲学家群体横空出世。他们的哲学探究反映出了社会剧变时期的中国近现代哲学始终处在不断付出代价追逐真理和向拥有真理者学习的历程，反映出了他们融会相沫、贯通古今中西哲学以孕育中国现代哲学的思想冒险。如今，感知到他们为此所付出的代价，不仅要再次体悟中国社会激烈变革与转型的椎心刺骨之痛；认知他们为此所做出的贡献，亦不只是聆听那民族精神涅槃重生、中华文化全面复兴和国家命运否极泰来的宏大序曲。在全球化和现代化的裹挟之下，中华民族的精神世界发生了深刻变化，曾经主导中国两千多年的传统哲学散落、破碎，中国现代哲学重新起步、更新，正在逐渐融入并日益化为世界哲学的有机组成部分，所谓“不积涓流，无以成江湖”是矣。那么，如何才能在这个风波诡谲而又风姿绰约的江流之上，安然行舟以泛游呢？笔者认为，涓涓细流汇为江河，须要溯源而寻究竟。因此，中国近现代哲学智慧的汲取需要实事求是地、长期不懈地和持之以恒地推进，通过多维度、多视角有的放矢的个案研究、专题研究和比较研究，尽可能仔细而翔实地梳理出哲学家哲思的发展脉络，才有可能从整体上把握这个中国哲学家群体的哲学之生成过程。

饮水思源而探源，作为溯源而上所迈出的微微小步，本书选题从任继愈为学广博的众多领域之中，择取其中国哲学史研究为研究对象，以任继愈本人哲思起承转合的嬗变历程为进入路径，尽可能地阐明他的中国哲学史研究在中国现代哲学发展进步与曲折低潮交错的历史实践进程之中所承载着的智慧之思。

第一章　民国后期任继愈的中国哲学史研究

任继愈是中国现当代哲学史上为数不多有创造性卓见的兼具哲学家与哲学史家双重身份的学者之一。他终其一生致力于中国哲学史研究，其在中国哲学史研究上的诸多贡献，是中国哲学良性发展的重要思想资源，是中国现当代哲学发展史的重要组成部分。那么，任继愈当初何以走上哲学道路？都有哪些因素促成其确立研究中国哲学的志业？他最初的中国哲学史研究都包含什么内容？

本章以这些问题为前导，梳理和考察任继愈早年选择从事中国哲学史研究的心路历程、大学教育阶段所受的哲学知识训练背景、哲学研究得以展开所处的历史情境、早期中国哲学史研究相关著作等要素，认为这些境遇是构成全面理解和认识任继愈早期中国哲学史研究思想发展情况的必要内容，不可不察。故而，本章主要是以任继愈早期选择从事学习和研究哲学的一般情况为线索和背景，以任继愈在中华人民共和国成立前中国哲学史研究相关文献分析为研究对象，认识他选择中国哲学为志业的初心，梳理和总结他早期研究中国哲学的思想嬗变历程，从而尽可能全面、客观地评述任继愈早期中国哲学史研究的价值。

一、哲学为业　初心笃定

人生在世，总有繁思万千，它们多数并不清晰，又逐渐消散。如果有意回首发蒙之初，却可以发现，总是那些或影影绰绰、或稚嫩简单的思绪，充实着逝去的岁月。它们就像春日溪水之畔随风摇曳的柳叶，在疾步行走的人生道路上领略光影之美，感受岁月静好，哲学地栖居于天地之间。

任继愈求取哲学的人生之路，虽非坦途，却始终能与思想同行，那终究才是让人艳羡的生命历程和哲学人生！

在现实之中，人们对哲学的观感并非我们自认为的那么充满诗意，它在今天还依然被看作是冷门专业的无用之学。在任继愈所处的时代，讲论哲学的学习，在有些人的心中更是一件卑微而可笑的事。这也正如任继愈在其自传中所言："1934年考入北大哲学系。旧社会读哲学很难找到合适的职业……入学时有十几个人，毕业时只剩下三个人，我是其中的一个。"[①]那么，在哲学如此不受待见的情况下，当初任继愈为何选择并坚持以哲学为业的动因就值得去探究。

---

① 任继愈：《任继愈文集·自传》（第10卷），国家图书馆出版社，2014年，第412页。

（一）求学北大哲学系

青少年时期的任继愈，原想着将来成为医者，以期悬壶济世、治病救人，良善之思一度占据整个头脑。然而，在求学的过程中光芒四射又丝毫不逼人的哲学之思，逐渐吸引着他。经过深思熟虑，任继愈决定放弃从医而选择哲学，因为在他看来，医学还有其他自然科学，都是研究一些具体而局部的真理，哲学则是对普遍问题的思考，是追求真理的学问，这更加契合自己的心性和人生追求。1934年夏，十八岁的任继愈考入北京大学哲学系，学习西方哲学。前路初定，夙愿得偿，青春激扬，他开始行进在属于自己的人生道路上。北大哲学系成为他实现哲学人生的起点，哲学志业成为他寻找真理和追究人生归宿的支点。

北京大学原是清末最高学府京师大学堂，是在“保教”“保国”“保种”的戊戌变法运动中设立的，变法失败后，京师大学堂恢复传统书院旧例，所学内容依旧是儒家经学及理学思想。清王朝覆灭之后，京师大学堂浴火重生，更改校名，变易学科，开始具有真正的现代大学气象，而传统书院旧制内的“经学科”，在现代学科制的冲击之下已然发生了许多变化。五四运动爆发当年，北京大学全校废“学门”改“系”，“哲学门”正式定名“哲学系”。千百年来独尊为庙堂之上的经学与其他学科并列为诸多学科之一，“经学科”成为孕育中国现代哲学的思想源头和学科雏形之地，这实为北京大学哲学系的精神传统来源之一[①]。1917年，蔡元培正式主持北京大学，在其任内的北大哲学系开风气之先，成为引领中国社会发展的新思想策源地，影响巨大，泽被后学。

青年任继愈求学北大哲学系之时，蔡元培已离开北大多年，但由他开启的现代大学之路则间接地导引和滋润着入读北大求知问学的莘莘学子。任继愈晚年在一篇追忆蔡元培的文章中说道："蔡先生离开北大多年，他树立的重实学不重虚名的学风仍然保持着。"[②]任继愈当时求学的北京大学哲学系在课程体系设置、学术风气和师资配备方面已初具规模，重视和强调对哲学史和佛教思想的研究。

---

① 光绪二十四年五月十五日（1899年7月3日），光绪帝批准由梁启超起草、康有为审定的《总理衙门奏拟京师大学堂章程》，该章程主张"中西并用，观其会通，无得偏废"。在"学堂功课例"设置学生必修的十门"普通学科"：经学、理学、中外掌故学、诸子学、初级算学、初级格致学、初级政治学、初级地理学、文学、体操学。"今理学门功课书，拟辑宋明诸贤语录文集之名言，分类纂成，使学者读之以为立身根柢"，"诸子中与西人今日格致、政治之学相通者不少"。原定的"十科"仅设立固有的经学，有诗、书、易、礼四堂，春秋二堂，每堂仅十余人。光绪二十八年十一月十八日（1902年12月17日），曾经停办的京师大学堂重新开学，张百熙主持制定的《钦定京师大学堂章程》设立"大学专门学科"（相当于现在高校二级院系）：政治、文学、格致、农业、工艺、商务、医术，以实务为主。而文学分目下又分为：经学、史学、理学、诸子学、掌故学、词章学、外国语言文字学七大门类。光绪二十九年十一月（1904年1月），张百熙等奏遵旨重定学堂章程，在《奏定大学堂章程》中"大学专门学科"增设"经学科"拟设十一门次：周易、尚书、毛诗、春秋左传、春秋三传、周礼、仪礼、礼记、论语、孟子、理学。转自李四龙编著：《有哲学门以来：北京大学哲学系1912—2012》，生活·读书·新知三联书店，2012年，第1~3页。

② 任继愈：《任继愈文集·有关蔡元培校长几则轶事》（第10卷），国家图书馆出版社，2014年，第266页。

哲学史课程有欧洲哲学史、印度哲学史和中国哲学史。郑昕（康德哲学专家）、贺麟（黑格尔哲学专家）等负责欧洲哲学史的讲授；佛教思想和佛教史在北大哲学系颇受重视，除了汤用彤，还有周叔迦、熊十力等，更有马叙伦用佛教法相唯识学讲授庄子哲学。这些师资，可谓群贤毕集，对于为数不多的哲学系学子来说应该是幸福至极的事情，哲学系当时不细分专业方向，学习的课程亦颇有特色。在西方哲学课程上，哲学系师生的兴趣多集中于欧洲古典哲学，主要有斯宾诺莎、笛卡儿、洛克、休谟、贝克莱、康德、黑格尔等。至于学界当时影响颇大的美国实用主义已时过境迁，在北大哲学系没了市场。西方的现代哲学，如怀特海、罗素的哲学，也很少引起注意。在佛教思想方面的课程开设较多，有按学科性质分类的，比如佛教经典选读、因明学、隋唐佛学、佛教概论等；也有按佛教宗派研究分类的，如天台宗、华严宗、新唯识学等。至于中国哲学的课程，则着眼于断代史、专题和专著研究，有魏晋哲学、老庄哲学、周程哲学和王阳明哲学等[①]。

任继愈大学一年级时，主修汤用彤的哲学概论、郑昕的逻辑课、钱穆的中国通史、卞之琳和钱学熙的外语课等；二年级学习贺麟的西方哲学史、熊十力的佛教名词简释和新唯识论等；三年级主要选修贺麟的黑格尔哲学及斯宾诺莎课程，还就自学康德哲学上的疑难问学于郑昕。1935年至1936年，是任继愈在学校系统接受哲学专业训练的时间，除了在课堂之上哲学专业课程获取思想启发，课

① 任继愈：《任继愈文集·汤用彤先生和他的治学方法》（第10卷），国家图书馆出版社，2014年，第223页。

下之余，他还乐于自学，比如宿舍里用布幔隔开的空间和图书馆，都是他学习的天地。其中北京大学的图书馆给任继愈留下的印象尤其深刻，他曾专门著文回忆北京大学设在沙滩松公府的图书馆和北京大学新建的图书馆，以及馆藏图书丰富的中文阅览室里面的常用书和工具书，如《四部丛刊》《四部备要》《二十四史》《册府元龟》《说郛》《通典》《文献通考》《玉海》等[①]。1937年，本该是任继愈在北大哲学系继续学习的第四个年头，然而此时的校园已经不能摆下一张安静的书桌。卢沟桥事变前夕，学校放假，他返回家中等待新学期的到来。然而，返校求学再无可能，此时日寇已野蛮占领北大校园，任意荼毒，昔日的弦歌地一时间沦为妖魔窟。是年夏，任继愈接到通知，到国立长沙临时大学报到复学，仅学习半学期之后学校又再次搬迁。就这样，任继愈最后的大学生活不得不在北大哲学系“湘黔滇旅行团”的南迁之路上继续进行[②]。

（二）文化苦旅的抉择

“读万卷书，行万里路”的话语，是初懂读书的人们往往宣之于口的中国古训。然而，抗战时期“湘黔滇旅行团”的成行，以及后来的西南联合大学，则更多地浸染着一种文化大撤退不得不为之的悲壮色彩。中国历史上曾有三次“文化南渡”：晋人南渡、宋人

①　任继愈：《任继愈文集·松公府旧北大图书馆杂忆》（第10卷），国家图书馆出版社，2014年，第381页。

②　国立长沙临时大学是国立西南联合大学的前身，由抗战初期的北京大学、清华大学、南开大学三校联合组建的高等院校。

南渡、明人南渡，这三次南渡，没有一次“王师北定中原日”而返回故土，“文化南渡”一度是中华民族苦难经历的象征。历史在今时今日似乎又要重演，民族的前途将会如何？历史的阴影与现实的悲痛重压在人们的心头。然而，这次“文化南渡”之所以被载入史册，直接的原因还应该是三校的文教学脉延续了下来，促使这些承载中国未来国家建设希望的现代知识分子群体，走出风雨飘摇的书斋，不得不“行万里路”，切身体验中国社会最底层民众生存上的挣扎和生活上的艰难，客观地认识中国的实际国情。诚如闻一多所言：“国难当头，应该认识祖国了。”事实上，正是这样的经历，极大地影响着任继愈的哲学研究和学术人生，他由初入北大哲学系时主攻西方哲学，开始转向侧重中国哲学的研究。

国立长沙临时大学是任继愈随行北大迁移的第一站，他在长沙渡过了新学年的第一学期。1937年12月，南京沦陷，武汉战事紧迫，漫天烽火卷地而来，随着战局的发展，长沙已处于抗战的前沿。次年2月，长沙临时大学结束第一学期之后决定再次迁校，任继愈加入“湘黔滇旅行团”的行列，不得不又西迁至远离战争威胁的大后方[①]。所谓的“湘黔滇旅行团”，实际上是非常时期因为经费拮据而不得不依靠双腿步行经湖南、贵州、云南三省的师生团体[②]。任

① 任继愈：《任继愈文集·抗日战争时期的北京大学——西南联合大学时期（1937—1946）》（第10卷），国家图书馆出版社，2014年，第384~385页。

② 《长沙临时大学关于步行赴滇路线之布告》（布告67号）：“本校旅行团计划，重在选择体格健好之学生二百至三百人，组织湘黔滇旅行团，自湘西入黔赴滇。”转自闻黎明：《长沙临时大学湘黔滇“小长征”述论》，《抗日战争研究》，2005年第1期。

继愈后来回忆这段迁校之行时说：

> 自1938年2月20日出发，到4月28日抵达昆明，途经湘、黔、滇三省，历时68天，全程3360里。在这两个多月的步行途中，教师和学生们亲眼看到了国民党统治下土匪、鸦片遍地，人民——特别是少数民族——生活困难的实况。

西迁之路栉风沐雨、昼夜兼程，山川相叠、道路险阻，匪患、娼寮、鸦片遍地，百姓（特别是少数民族）的困苦实实在在地呈现在这些文化人面前。师生们化苦难悲情为学术救国的实际行动，许多人在西行路上开展专业实训：生物学家李继侗带领学生记录生物标本；地质学家袁复礼指导学生调查地质地貌和矿产分布；闻一多是诗人和文学家，沿途记录山水名胜，完成数百幅风情画写生，他还要求学生沿途搜集民歌民谣，刘兆吉收集近千首，后来整理完成《西南采风录》一书；任继愈是哲学专业的学生，他一路走来所见的社会景况不是田园牧歌，而是传统农业经济的凋敝、农村的破败、农民群众的赤贫、封建文化束缚之下乡民的愚昧。然而，就是这些地方成为蓄积抗战力量的战略后方，就是这个苦难的农民群体在源源不断地向抗战一线输送浴血拼杀的兵源……

参加“湘黔滇旅行团”的师生们当时想不到怎么去解决中国这个最大的受侮辱、受损害农民群体的贫困和愚昧问题，也想不到如何去开发和动员民众中蕴藏的力量来反抗侵略和压迫。但是，这一路上的见闻和经历，都直接地刺激着他们的心灵，使他们实际感受到救国救民责任的沉重。对任继愈来说，用脚步丈量中国现实国情的西行之旅，不仅是平生的第一次，更是一次难得的文化苦旅，这促使他思想上发生转变，开始有意识地关注和思考中国的现实问题。山河万里，千里赤贫，所见所闻民众之疾苦，使任继愈初步感受到组成中国社会的广大农民群体才是遭受苦难最痛最深之群体，是他们默默地支撑着艰苦的抗战，是他们苦苦维持着中华文化的延续。因此，在他看来，以研究宇宙人生之终极目标为己任的哲学，岂能脱离中国最大之农民群体的基本生存境遇、哲学思想和宗教信仰而从事研究？正是在这种思想的驱动和支配下，任继愈毅然放弃原先兴趣浓厚的西方哲学，选择把研究中国哲学作为自己终生的志业。他渴望寻找救国救民的真理，并把追求它作为实现自己哲学人生的志向[①]。

（三）西南联大的学习经历

“湘黔滇旅行团”的最终目的地是地处边陲的云南昆明，国立长沙临时大学更名为西南联合大学。在这里，任继愈开始了西南联大的学习，重新走上了追求哲学人生的道路。

万里长征，辞却了五朝宫阙。
暂驻足衡山湘水，又成离别。
绝檄移栽桢干质，九州遍洒黎元血。
尽笳吹，弦诵在山城，情弥切。

① 正如任继愈在其日记中所言，“我深信探究高深的学问，不能离开哺育我的这块灾难深重的中国土地。从此，我带着一种沉重的心情来探究中国传统文化和传统哲学”。转自严青、郭改云：《任继愈传》，江苏人民出版社，2011年，第33页。

千秋耻，终当雪；中兴业，须人杰。
便一成三户，壮怀难折。
多难殷忧新国运，动心忍性希前哲。
待驱除仇寇，复神京，还燕碣。

这是冯友兰为西南联大而作的校歌《满江红》，它充满悲愤、激昂之情，诵记迁徙之痛，遥寄国家民族未来之希望，痛陈国家之急难、民族之愤恨。这是一曲20世纪中国大学校歌的绝唱，凝聚着一群中国现代知识分子和未来的国家栋梁在民族危难时刻最悲壮的呼声，浓缩着联大师生在国家危亡之际的坚实情感和浪漫意志。任继愈正是在这样的氛围里度过了大学教育的最后阶段，在导师贺麟的指导下，撰写完成《朱子哲学》的毕业论文，这表明任继愈已开始自觉地走向研究中国哲学史的学术道路[①]。

1939年，北京大学文科研究所在西南联大恢复招生，任继愈考取研究生，成为北大文科研究所的第一批研究生，授业导师是汤用彤，副导师是贺麟。在这里，任继愈又继续了三年的研究生学习。研究生期间，由于西南联大是三校合一，任继愈不仅进一步汲取了北大教授们的思想营养，还更加广泛地吸收了清华大学、南开大学教授们的思想智慧。他上课以选修和旁听为主，选修的主要有冯友兰的朱子哲学课程、金岳霖的知识论课程、沈兼士的文字学课程、魏建功的音韵学课程；旁听的主要有闻一多的《诗经》课、顾随的古诗词课、刘文典的《庄子》和《文选》课等等。任继愈在读研究

① 任继愈：《任继愈文集·贺麟先生》（第10卷），国家图书馆出版社，2014年，第245页。

生的时候除完成学业，还兼作贺麟的助教，这样就更加方便了他与学界前辈贤达的学问交际，直观地感受他们的为人与为学之道。据任继愈回忆，马一浮在重庆短暂停留期间，他曾与贺麟一起有三次拜会。初见，任继愈对马一浮感受丰富，既有“白髯垂胸，说话声音洪亮，出口成文，语言典雅”之直接体貌音容的观感，又有“儒者气象”“睟面盎背”之通感的评赞。再见，恰遇两位青年学人问学马一浮，当时熊十力、贺麟在场。两青年研究法相唯识学，向马一浮直接述说自己学习佛教速求“转识成智”的心态，希图马一浮赐教方便法门，熊十力在旁听到之后声色俱厉地喝贬，而马一浮则从容不迫地告诫青年，为学要有次第，不能急躁，居敬涵养，不离于人伦日用之间。第三次相聚分为两个场景，先是在饯行马一浮的宴席之上，任继愈所感熊十力与马一浮就餐迥异之风；后宴饮结束返马一浮和熊十力住所，臧否蒋介石为人。宴饮之时，熊十力就食风卷残云，酣畅淋漓，马一浮“举箸安详，彬彬有礼”，由此所感所见，任继愈有比较熊十力、马一浮“治学”与“性格”之论，评马一浮性格“温润和平，休休有容”。宴饮返家再叙，马一浮谈及谒见蒋介石所劝谏之言，“虚以结人，诚以开务，以国家复兴为怀，以万民忧乐为念……”，评蒋介石为“偏霸之才”；熊十力则贬蒋介石为“心术不正，是个流氓”。除这些面谈交谊，他还通读过马一浮在四川复性书院刊印的书籍（包括讲义、诗集、信札等）[①]。后来，熊十力替马一浮向任继愈转述治学要旨，“孔子的

① 任继愈：《任继愈文集·马一浮先生》（第10卷），国家图书馆出版社，2014年，第271页。

儿孙不出在曲阜衍圣公府，曲阜有孔子的奉祀人，没有孔子的继承人。孔子的嫡传儿孙是程、朱、陆、王，他们都不姓孔”[①]。任继愈颇为赞同马一浮在儒学认识上的见解，称之是“极精辟的见解”[②]，视之为“吉光片羽，弥足珍贵”的绝响之言[③]。

任继愈在西南联大认真学习、专心读书，他尽心畅游于兼容并蓄的浓厚学术氛围之中，或与良师益友朝夕相伴、切磋学问、畅谈生活，或与学界贤达学问交际、当面请益、切磋问学。这样的学术环境对任继愈的学习积累着实赐益良多，而教授们和学界前辈的知识和人生阅历，不仅提高了他在中国哲学领域内的学识，也浸染和熏陶着他的学术人格。

（四）学术人格的养成

对青年任继愈学术人格的养成影响最大的，首先是其授业导师汤用彤。汤用彤，字锡予，祖籍湖北黄梅县，1893年8月4日（农历六月二十三日），生于甘肃省渭源县。其父汤霖曾在甘肃省任地方官[④]。汤用彤“幼承庭训，早览乙部”，受过比较严格的儒学教

① 任继愈：《任继愈文集·马一浮论蒋介石》（第9卷），国家图书馆出版社，2014年，第221页。

② 任继愈：《任继愈文集·马一浮先生》（第10卷），国家图书馆出版社，2014年，第276页。

③ 任继愈：《任继愈文集·马一浮论蒋介石》（第9卷），国家图书馆出版社，2014年，第221页。

④ 汤用彤：《汉魏两晋南北朝佛教史·跋》，商务印书馆，2015年。

育[①]，著有《汉魏两晋南北朝佛教史》《魏晋玄学论稿》《印度哲学史略》《往日杂稿》《魏晋玄学中的社会政治思想》等，未完成的有《梁高僧传校注》。尚有关于佛教史、道教史的论文多篇分别发表于国内外各杂志[②]。汤用彤是古今中西兼通的哲学大家，长期任职北京大学哲学系主任，成果斐然。在中国哲学方面，他对魏晋时代哲学的研究奠定了以后同类著作的立论基础；在西方哲学方面，研究西方哲学的著名哲学家陈康、郑昕都是他任教之初的学生。汤用彤终生致力于佛教中国化规律的探究，主张在学习西方文化的同时，应注意中国文化的固有特点和社会环境状况，力图在传统与现代的整合中寻找发展之路。由于他深通义理，又尊重史实，所著《汉魏两晋南北朝佛教史》一直是这一领域的奠基性著作。他的这部书，以及此后对隋唐佛教史的研究，采用历史比较法，实事求是地解决了佛教史上的一系列问题。汤用彤在佛教研究方面的学术著作，至今依然是佛教研究方面的必读书目。这些著作还指出，佛教这个外来文化要在中国生根，必须要适应中国文化的“土壤”条件。他全面列举和认真分析了佛教传入中国的各种传说，否定了僧人为彰显本教而虚造的不实之词；用令人信服的证据考证《牟子理惑论》不是伪书。汤用彤研究佛教而不迷信佛教，使他能够以严谨的、科学的、客观的态度，超越封建时代的佛教史学，把中国佛

① 任继愈：《任继愈文集·汤用彤先生和他的治学方法》（第10卷），国家图书馆出版社，2014年，第221页。

② 任继愈：《任继愈文集·汤用彤先生和他的治学方法》（第10卷），国家图书馆出版社，2014年，第222页。

教史的研究推进到一个新的历史阶段。另外，汤用彤曾经是哈佛大学的高才生，精通西方哲学。由于他尊重史实，实事求是，所以鄙视那些人云亦云甘作外国学术流派小摊贩的奴性学术。他早年就批评一些日本学者引用中国文献时，由于标点错误成误解。后来又否定日本学者的隋唐佛教“十宗说”，指出其中许多所谓“宗”并不成立。在那些习惯于在洋人面前奴颜婢膝的所谓学者面前，汤用彤保持了中华民族的学术骨气。从1934年求学北大哲学系始，到1964年汤用彤逝世，任继愈先是跟从汤用彤当学生，后来是当助手，追随汤用彤三十年之久，对老师的为人与著述、治学的基本功，“尊重史实”而治史的基本态度，“功能学派或批判学派”的文化社会史观，“历史比较法”的治学方法等都颇有感受。跟从汤用彤研究佛教的学术经历说明，任继愈的佛教研究不仅有上一代学者的学术传承，还为他以后接受以马克思主义为指导的佛教研究奠定了学术基础，为他开辟中国马克思主义宗教学研究的佛教方向起到了先导作用。

贺麟是任继愈大学毕业论文的指导老师，又是研究生阶段授业的副导师，其治学出入中西，却坚守儒家本色，他对任继愈学术人格的养成也有直接的影响。贺麟字自昭，祖籍四川金堂。1902年9月出生于四川省金堂县杨柳沟村一个士绅家庭。父亲是清末秀才，常亲自教授贺麟《朱子语类》和《传习录》。贺麟幼年“深受儒学熏陶，特别感兴趣的是宋明理学”[①]，1919年考入清华学堂（清华大学的前身），著有《论研究宗教是反对外来宗教传播的正当方

① 贺麟：《康德黑格尔哲学东渐记》，《中国哲学》第二辑，生活·读书·新知三联书店，1980年，第344页。

法》一文，主张“重新估定耶教在中国的价值”。1926年8月赴美、德留学，研习西方哲学，关注西方宗教发展变化。1931年8月归国，执教于北京大学，主要讲授西方哲学史、现代西方哲学和黑格尔哲学等课程，课余还从事西方哲学的研究、翻译、介绍和传播。从1934年起至1992年贺麟辞世止，任继愈给贺麟当学生、助手，再到同他成为北大哲学系的同事，对贺麟的为人与为学有全面的了解。对于贺麟的人品，任继愈的评价是“即使别人对不起他，他也从不记仇”“不争”“为人忠厚，没有架子，平等待人”等[①]。事实上，在一甲子的相处之中贺麟与任继愈之间是亦师亦友、相知相契，两人曾仿效曾国藩和他的老师倭仁那样，彼此交换日记并相互点评，以砥砺德行与学问。对于贺麟的为学，任继愈亦受益颇深，曾参加过贺麟主持的西洋哲学名著编译会，接受了贺麟中西哲学比较的研究方法，熟悉贺麟注重直观研究中国哲学的治学方法，特别是贺麟“讲宗教对文化的重要性”和对宗教“社会作用”的理解[②]，这些见识对经历“文化大革命”之后的任继愈提出“儒教是教”说有直接的催化作用。

在导师之外，熊十力是任继愈最敬重的老师。与汤用彤、贺麟的家资殷实，后来成为学院派的职业哲学家不同，熊十力出身草根底层，家室穷困，几无立锥之地。熊十力幼年在其父掌教的乡塾开

① 任继愈：《任继愈文集·贺麟先生》（第10卷），国家图书馆出版社，2012年，第248页。

② 任继愈：《任继愈文集·贺麟先生》（第10卷），国家图书馆出版社，2012年，第249页。

蒙，十三岁时父母早殁，无以为生，仅靠为邻家放牛为生，后随长兄耕读，“三日牧牛方得一日读书”[①]，以自学自读而立志。后来投身辛亥革命和护法运动，目睹“党人竞权争利，革命终无善果”[②]，慨叹“党人绝无在身心上做工夫者，如何拨乱反正”？[③]遂愤然脱离政界，潜心研究哲学以革世道人心，师从支那内学院欧阳竟无研习佛教的法相唯识之学，在被蔡元培礼聘为北京大学讲席之后，又苦心研读儒佛，自创《新唯识论》，立志重建儒学，以增进国民道德为己任，终成为“后五四时期”独树一帜的平民哲学家。熊十力来自民间，对国家之劫难、社会底层之苦厄，对社会相、人生相有更深沉的体验，并把这种体验和痛感直接融入其哲学创思之中。在北大哲学系任教时，他反对“师生蚁聚一堂”的课堂授课，不仅坚持“书院式的讲学”传授知识，而且还注重教人以德行。他以不媚俗、疾恶如仇的品性，痛陈直骂蒋介石致使东北沦陷的不抵抗政策。在抗战颠沛流离的艰难困苦环境之中，熊十力亦不灰心丧气，而是自强不息、勇猛精进地致力于学术研究，撰写《中国历史讲话》解决“五族同源”问题，修订《新唯识论》语体文本，与学友切磋学问，尽心培养学生，弦歌不绝、不废讲学；对于国民党在后方贪腐日甚、胡作非为的恶劣行径，熊十力更是怒

① 郭齐勇：《熊十力哲学研究》，人民出版社，2011年，第3页。

② 熊十力：《尊闻录》附录，《熊十力全集》（第1卷），湖北教育出版社，2001年，第659页。

③ 熊十力：《十力语要》，《熊十力全集》（第4卷），湖北教育出版社，2001年，第425页。

不可遏地斥骂蒋介石，而对于比自己更加挣扎于困境的朋友和学生，亦古道热肠，尽心尽力去资助。熊十力与任继愈相识相知三十年，都说路遥知马力，日久见人心，那么三十年可谓长且久矣。在一个价值混乱迷失的时代，任继愈在熊十力身上见证了哲学家的人格魅力，他敬重老师的立志高远和胸怀坦荡，敬佩老师的疾恶如仇和不向流俗妥协的独立人格，敬服老师对中国传统文化深挚而悲苦的责任感。

古之师者，传道、授业、解惑，实在缺一不可。对于今天的教师来说，教书似乎仅仅是一种职业而已，至于培养的学生质量如何，则是“修行在个人”式的自生自灭了。当然，教育这“树人”之业得以延续，离不开终身秉持师者之志而又默默奉献的教师们，是他们负责任地引导学生接受切实的、必要的知识和基本的学术训练，是他们在坚持不懈地“授人以渔”。教师们端正的学术人格直接施加于学生之身，不可谓不重要，而养成良好的现代学术人格对一个有志于学的后来者而言，其价值无疑是再造生命。生养者父母，造就者良师。正如任继愈回忆这些影响他的良师时所言，“从熊先生和许多良师益友的身上，使我懂得了应当走的路和如何去走”[①]。现实中的求学之路，能遇到师者指点迷津的机缘罕见。抗战初期的西南联大，名师雅集，群贤毕至，任继愈在这里“遭遇”别样的幸福，在这里开启他的哲学沉思。

① 任继愈：《任继愈文集·熊十力先生的为人与治学》（第10卷），国家图书馆出版社，2014年，第258页。

二、抗战初期的哲学思考

西方哲学多源于对存在本身的惊讶，而中国哲学则多发于忧患。“湘黔滇旅行团”的经历让任继愈的思想完成了一次嬗变，使他深深地思虑并叹服于中华民族这个伟大而屡经苦难的民族所具有的韧性。在这个生死存亡的关键时刻，抗战的重担全部压在中国农民身上，而这个群体的状况又如此令人担忧。但令人唏嘘感叹的则是，他们支撑着抗战的最后胜利。这是什么在发挥着作用？任继愈开始思考中华民族真精神的问题：民族的真精神到底是什么，它学理的源流在哪里，它现实存在的思想载体是什么，它的未来支撑点在哪里？任继愈的问题意识，以及思考这个问题所凭借的思想资源，首先是来自对他影响最大的老师们。汤用彤、贺麟、熊十力是中国现代哲学史上的三位大家，但仔细详查就会发现他们心中皆有民族文化复兴的宏愿，对理学救国都抱有极大的希望。汤用彤《道德为立国之本议》《理学谵言》对昌明国故、道德治国持有明显的价值倾向；贺麟重视中西宗教文化的比较研究，主张“儒学思想新开展”的主旨之一，就在于儒学思想的开展要走“宗教化”的道路[①]；熊十力更是由辟佛而宗儒，以期造出“新儒学”。这一时期，三位老师对理学救世的态度和学术立场直接影响着任继愈，而他在抗战初期承续师说，撰

① 贺麟：《哈佛日记》，湖南教育出版社，1985年，第149页。“以为国民党如不能宗教化，中山信徒如不能维持其宗教精神，则殊难敌过共产党。”

写《理学探源》这样的哲学著作，则如实记录了归宗儒学知识和信仰，以它们主导自己开展中国哲学史研究的路径。

（一）儒教的信奉者

日本侵华是极大的国难，中华民族备受战火蹂躏，国民于满天锋镝之中奋力抗争以求生存，这刺激着中华民族精神的激扬转变，深刻并直接地改变着当时中国现代哲学家们的问题意识和哲学思想的着力点。此时的任继愈亲历民族生死存亡之抗战，深感国家遭逢巨变，又置身国家积贫积弱、内忧外患之境况，却又实实在在地感受到中国民众之中所蕴含着巨大而强韧的力量，他相信驱动这种力量的民族真精神是儒学。这时的任继愈是完全相信宋明理学讲的道理是救国救民的真理，其哲学思考立论的宗旨则应然地阐述儒学是中国哲学的正统。正如他所言，这一时期因为主观上“确实为中华民族百折不回、坚韧不拔的气概所激励，认为中国文化的优良传统是由儒家体现的，宋明理学是这种精神的体现，我相信宋明理学讲的道理是真理，成为‘儒教的信奉者’”[①]。

第一，为儒学立言。在任继愈看来，儒学是中国哲学“自主自立”的固有，它在中国古代表现为道学和理学，至于那些没有文化没有历史的民族是没有哲学的，而哲学的缺失使这些民族处于“昏昏以生，昏昏以死，食栖而已，不知有他”“哀莫大于心死”的状态。他认为，中国哲学固有的就是儒家精神，其照耀于中国

① 任继愈：《任继愈文集·理学探源》（第4卷），国家图书馆出版社，2014年，第126页。

数千年，它与希腊哲学、印度哲学并存于世。历史上，这三支文化灿若“三光之丽天”，是世界文化发展之源泉，其影响也是广大而悠久。尽管当今之世，印度哲学出现了衰败、西方哲学陷溺于“暴烈自戕”之中、中国哲学遭逢危殆的局面，但它们依旧“炳燃数千年”，不像古代的埃及、巴比伦文明那样昙花一现，这里面的道理非常值得人们“长思深省”。事实上，文明国家的现代化进程在20世纪都共同面临着发展的双重异化问题，或是民族传统的自我异化，或是资本力量的异化。那么如何对抗这种双重异化所带来的危机呢？任继愈指出，文化所表现出来的是“人类理性努力之总和”，应从竭力固守自身的民族文化入手，即一个民族和国家的文化是关系自身生死存亡的“根荄”，若自己抛弃它，掘杀它，无疑是自取灭亡。当今遭逢国难之际，虽然国家处于外敌入侵“生死存亡，外患内忧”和“积贫积弱之久”的危局，但是抗日志士与强寇周旋，英勇奋战，就是因为有这种儒学真精神在：“今我方志与强寇周旋，断头抉胸，死不旋踵，所凭者乃清廷戕伐之劫后余烬耳。非有深厚不拔之基，有一段真精神在，宁有今日。”[1]虽然近代东西文化接触以来，中国政治、学术、经济步步落后、相形见绌是客观事实，但时至今日，吾国学人仍自抱弱者心态、自轻自贱而丧失中国哲学固有的“自主自立”的儒家精神，要么“俯首屏息，不敢与人并肩而立”；要么不知奋发有为，“自省一己之不肖”以承担历史责任，而自怨自艾地“耻其祖先之不若人”；要么在学术上浅尝

① 任继愈：《任继愈文集·理学探源》（第4卷），国家图书馆出版社，2014年，第128页。

辄止地对“西方哲学系统”知之不深，而“入主出奴”人云亦云地唱颂赞誉西方哲学；要么就是“对我固有哲学系统”弃之如敝屣，而“攀缘依倚”信奉“西洋人之说为圭臬”；要么急功近利地放言“中国哲学某一时期曾受印度之影响”，而不明辨缘由。

第二，为儒学辩难。在任继愈看来，为了去除世人对中国哲学是否存在的质疑，要一一驳斥那些对儒学纷乱不明的訾议。（1）对于认为儒学无“系统著作”，进而否定中国两千年无哲学的观点，任继愈对“系统”的概念给予了清晰的界定，他指出“所谓系统，非著述之章节分明，纲目整列之谓也”，以这个标准来衡量中国古代哲学家的述作，“莫不章节分明，纲目整列，而究不能掩其思想之混淆”。（2）对于认为儒学是“二千年来全为封建社会”“贵族统治阶级所制造以欺骗麻醉民众”的观点，任继愈指出“欺骗麻醉只可暂于一时”，如果这种“欺骗麻醉可行之二千年之久而人不觉者”的观点正确，那么“中华民族早应灭亡矣”。（3）对于说“我科学之落后”、儒学“不能产生科学”，而归责于“中国哲学一无足取”的观点，任继愈用现代学科分类对哲学与科学进行了区分，对这种混淆的认识进行了纠正。他指出“哲学科学领域不同”，中国哲学的“正统儒家精神”，其功用体现于“日用常行之中，上达于无声无臭之微”，其博大包容“不废科学亦不纯靠知解”。（4）对于认为理学“直绍孔孟”，为了“力排佛老”，就简单明了否定它与佛教渊源的观点，任继愈指出这种观点囿于门户之狭见，中国哲学发展“未有不承先启后者”，理学与佛学的关系“深切著明，显而易见”。（5）对于认为理学“阳儒而阴释”，掺杂佛教，与儒学相违的观点，任继愈指出这种错误认识是“昧于演化之源流”，佛教东传的过程中，为了便于传播随时变异“以求合于中土固有之传统”，其所用之方法、所论之问题、精神之面貌与印度关系不大。（6）对于认为理学是“空谈性命乃无用之学”“南宋不乏大儒而卒不免于覆亡”的观点，任继愈指出“性命之学”并非空谈，其必须经过“身体力行而不效”的验证之后，才可以“言无用”，至于造成南宋覆亡的悲剧，首要原因就是南宋君臣懈怠背弃了身体力行的理学，忘记他们要履行“天理之正”的职责，这样的南宋不是“儒者太少，而非儒者太多也”[①]。

第三，为儒学立论。在任继愈看来，治中国哲学史的首要方法是以儒学的“心”和“理”为本体来辨析古今中西哲学的异同。他深切地体知“心”和“理”为本体，在辨析“同中之异，异中之同”上的神妙，认为“同”是“心”和“理”，“异”是“象”和“迹”。“心者宇宙之本体也，万有之根源。在天曰命，在人曰性，以其真实无妄谓之诚，以其众所共由谓之道，以其条贯分明谓之理”[②]。他指出，对“心”和“理”为本体的哲学诠释在侧重点上虽有不同，也会造成言语上的差别，但还都是以它们为主旨，从本体论上来说这是没有两样，一致而相同的。“心”和“理”作为宇宙的本体、万物的根源是“同”，认识它们尽管有时“或晦或

① 任继愈：《任继愈文集·理学探源》（第4卷），国家图书馆出版社，2014年，第129~130页。

② 任继愈：《任继愈文集·理学探源》（第4卷），国家图书馆出版社，2014年，第130页。

明”“或蔀或彰”，但其作为行健不息的本体，最终是能被人们所认识并把握的，故而“海外有圣人出，此心同此理同”，故而“凡人莫不具此心，故莫不同此理”，故而“万民虽众，即是一人之心；百世虽久，不外当下之理”[①]。至于差异，任继愈认为这源自古今中西“语言文字之习惯及其当前身受之尘境，问题中心之结症，各民族社会”，源自“西洋印度与中国各有其特殊之面貌及其特殊之问题”。此外，任继愈还用理本、体用来裁判古今中西哲学上的差异。具体言之，“理虽一本，用则万殊”。所谓的“异”，对于佛家来说是“以人生无常，以诸法为空假，以世间为无明惑业之集聚”，重在言出世法，以“世间为无明惑业，诸法空假”为固有；对于儒家来说是“以仁为心之德，以义为事之宜，以礼为敬之节，以智为机之辩，明庶务，察人伦，尽性知命必本于孝弟，穷神知化由通于礼乐。充四端以达于修齐治平”，侧重于世间法，以“孝弟为仁”之根本，以恻隐、羞恶、辞让、是非之四端为治世之本源。在区分佛、儒思想相异之后，任继愈立足于中国社会实际之需的哲学而考虑，明确地贬佛教而褒扬儒家，“印度思想夸大铺张，侈于虚胜，烦琐芜蔓，留为支离，乃中土人士所厌闻者也”“徒守滞文，不见圆义”，不能像儒家那样可以在现世之中查验其实际的“渲化之迹”[②]。

① 任继愈：《任继愈文集·理学探源》（第4卷），国家图书馆出版社，2014年，第130页。

② 任继愈：《任继愈文集·理学探源》（第4卷），国家图书馆出版社，2014年，第131页。

（二）理学探源

正是基于对“正统儒家精神”的认同，任继愈以理学为“宗要”贯通于中国哲学史的考察，阐述了理学贯穿于先秦孔孟儒学、理学与汉代哲学、理学与魏晋玄学、理学与南朝的佛教哲学、理学与隋唐佛教哲学、理学与唐宋之际哲学的“进展之序”。他认为理学远源于先秦孔孟儒学的真精神，汉代哲学思想是理学思想演进的“必经之过程”，魏晋玄学确立“体用本末有无”之辩是开启宋代理学发展的重要思想资源，南朝佛性论、夷夏之辨、神存神灭之争是影响理学的“重要之史实”，隋唐佛教与理学“有直接之影响”；唐宋之际儒佛相争交融是理学兴起的先声。

第一，任继愈指出，先秦诸子之学并兴，儒家仅仅是其中的“一家之言”，然而时间过去越久，其“真价值”愈加不能掩盖。理学是宋代之后的哲学，它作为“儒学之再生”有其必然。他认为，墨子、庄子、老子、荀子等先秦诸子之说虽各有所见，但“所见皆偏”，其偏蔽之处往往多于其所见，是不能够施行久远的。惟有孔孟儒学“独为正大”，具有真正的价值，它能“通天人之际，合内外之道，放诸四海而皆准，百世以俟圣王而不惑”[①]。这种“真价值”在任继愈看来是“孔孟的真精神”，核心是明晰“义利之界”。以义利之辨的界限来论学，志向不会偏离道而游又不会废艺，学习能去除偏蔽之见而思考能会通如神；参前依衡而有忠，

① 任继愈：《任继愈文集·理学探源》（第4卷），国家图书馆出版社，2014年，第133页。

人立人达而有恕，如《诗》本于无邪、《礼》本于天性。以义利之界推之仁，能达到“廓然大公与天地万物同体”的境界，而实现人立人达、修齐治平。义利之界为“孔孟儒学之大旨”是一日也不可与自身分离的，其下在“日用伦常之中”得到验证，其上“达乎无声无臭之微，明于庶物，察于人伦，尽性至命必本于孝弟，穷神知化由通于礼乐”，其存之可以“格物诚正”，其推之可以“修齐治平，合内外，一天人”。义利之界能使儒学“独为正大”，特别是民族国家在遭遇存亡绝续之际，更能显现其正气磅礴，深沉博大[①]。对于不明“义利之界”导致真理正义因暴力而消亡，世界永远沦为漫漫长夜的危险，任继愈坚信“理学及儒家大义必能复伸于天下”，并以继承理学诸子“为天地立心，为生民立命，为往圣继绝学，为万世开太平”之志为责。

第二，任继愈指出，汉代之后的儒学取得“中国哲学界之正统地位”，汉代哲学系统而庞杂，承接先秦哲学而来，对后继哲学发展有开拓的功绩，其哲学思想的发展演变自主而充分，是“中国哲学思想演进必经之过程”。他概括，汉代哲学有四个显著的特点：（1）儒、道两家的学问都是治国平天下之学。汉代儒学虽有“儒”的称谓，但实际上吸收了道家、阴阳家、名家和法家的思想，其代表人物就是董仲舒，主张“天人感应、阴阳灾异之说”，而道家主张“清净无为”，道术主张“阴阳五行之术”，至《淮南子》以“清静无为为宗旨，以阴阳五行为间架”，把道

① 任继愈：《任继愈文集·理学探源》（第4卷），国家图书馆出版社，2014年，第134页。

家与道术综合贯通成为“治国平天下之学”，汉顺帝时期的《太平经》亦是为“太平之君而作”。（2）儒道两家都重视宇宙论。汉代道术倡言的“宇宙结构之理论”源自阴阳家和道家的思想，《淮南子》继之提出更系统的宇宙论，而“为儒者宗”的董仲舒也提出自己的宇宙论。（3）“天人感应”之下的人生论。汉代哲学人生论的主流是“天人感应”，造成方术、祠祀、符咒盛行，注重“养生吐纳之术”以求炼养精神，清心寡欲。（4）侧重修炼成神之学。汉代道术注重修炼精神，以求飞升登仙。尽管当时学界对汉代哲学发展过程中的五行谶纬、“天人感应”、神仙方技等有诸多指摘，但任继愈并没有简单地否定了之，而是通过自己的考察指出汉代哲学仍有积极要素，而这些要素则是促成汉代哲学转入魏晋玄学的重要契机。他指出，汉代的有识之士如严君平、张衡、桓谭等“不甘束缚于偏枯、烦琐宇宙间架之下，而思超脱”，就有针对性地开展了繁芜廓清的工作；东汉名士“月旦人物”，论人“才性、性情、圣人、英雄”等品评，发展出了“由具体分析之研究趋向普遍原则之探求”的哲学思想[①]。两汉之际传入汉地的佛教与汉代哲学的这种发展状况相调适使得中国哲学呈现出新的面貌。“汉魏之际中国哲学方自道术阶段进入玄学阶段，而佛学亦自小乘进入大乘。下逮魏晋，玄风大倡，《老》《庄》《周易》之学独盛，号称三玄。道术方术、五行相感之说已久不为时人所讲论，此

① 任继愈：《任继愈文集·理学探源》（第4卷），国家图书馆出版社，2014年，第135~137页。

时之佛学为人了解者亦只有大乘与道家义”[1]。据此，任继愈认为，汉代哲学逐步发展构成中国哲学历史演进的必要环节，由汉儒的粗疏广大而发展到理学的严密精微。

第三，任继愈指出，魏晋玄学与汉代哲学思想发展“实有一贯性”。这种一贯性体现在两个方面：其一，魏晋玄学虽然很盛，但两汉经学仍然深入人心。魏晋名士王弼、阮籍、刘伶等依然崇奉“孝弟之行，严家讳之禁，重礼教之防”，特别是对《庄子》一书有独到注解的郭象，他的《庄子注》主旨与庄子本义相违，补《庄子》之不足，体现了魏晋时代“不废名教而崇尚自然，不舍方外而游于方内。名教与自然，方内与方外，其相需相成”的哲学精神。其二，汉代哲学所讨论的虚无、清虚无为、清静无为、道、自然、顺乎自然、天的问题，魏晋玄学也还在讨论，但所指向的内容则发生了变化。汉代哲学家所讨论的虚无是指“无形无相可循”，而玄学家所指的虚无是指“不可言说，无名无相而超于形体大小之外”；汉代哲学家所讨论的“清虚无为”是指“少嗜欲，敛神形”，玄学家的“清静无为”是指精神心性之境界，廓然无虑，任运而行；汉代哲学家讨论的“道”是指元气运行，必定依据一定法则的道；玄学家所指的“道”是超象绝言的本体；汉代哲学家讨论的“自然”是指谓元气的运行，并非人力能掌控；玄学家所指的“自然”是无妄无作，无所待而然之理；汉代哲学家讨论的“顺乎自然”是指元气调和顺畅；玄学家所指“顺乎自然”乃是人格的扩

① 任继愈：《任继愈文集·理学探源》(第4卷)，国家图书馆出版社，2014年，第138页。

大、自然无碍的精神修养；汉代哲学家所讨论的“天”是指人格神的昊天上帝；玄学家所指的“天”是牛马四足之谓天的自然[①]。而这些变化所争辩的内容却是魏晋玄学关心的“体用本末有无”的本体论问题。与此同时，“体用本末有无”之辩，又在与佛教大乘空宗的激辩之中相得益彰，王弼的“贵无”哲学与道安的般若空宗相契合，向秀、郭象的“崇有”与支道林的般若色宗相契合，最终由僧肇“集其大成”，魏晋玄学与佛教之互动把中国哲学的发展次序带入到新的境界，心性之学成为南朝哲学发展的旨趣，也成为开启宋代理学发展的重要思想资源[②]。

第四，任继愈指出，南朝佛性问题“上承本体论而转向内心之研究与探讨”，佛性论问题其实为人性论问题，般若佛性说的传入很好地满足了中土心性论所需。佛性论“破除一切妄执而直显本性，将宇宙、人生打成一片，反复发明，必详必尽”，对理学的启发则是宋代诸儒“拈出《大学》《中庸》与《论语》《孟子》并称《四书》，盖有为而发”，以补救传统人性论之缺失；夷夏之辨反映“释道之争，转为儒释之争”的事实，它实为理学斥佛教之前奏；神不灭论是南朝神存与神灭之争的胜利一方的成果，理学因袭这一“固定之答案”。据此，任继愈认为南朝佛性论、夷夏之辨、神存神灭之争是中国哲学发展过程中的历史事实，对触发理学的人

① 任继愈：《任继愈文集·理学探源》（第4卷），国家图书馆出版社，2014年，第138~139页。

② 任继愈：《任继愈文集·理学探源》（第4卷），国家图书馆出版社，2014年，第141页。

性论、夷夏之辨、神不灭论问题有先导作用①。

第五，任继愈指出，隋唐佛教影响最大的宗派主要是天台宗、华严宗、禅宗和法相唯识宗，其中唯识宗之学采自异域，与中国固有哲学思想相违逆，故“不能长久”。而其他三派，对心性问题的发挥与理学的兴起有直接关系。天台宗对理学的影响主要是“止观与判教”的理论，而“尤以止观为重要”。止是禅定，观是智慧。定、慧法门相法而交养，对宋儒“主敬以立本，格物以致知”有重大启发。“判教”理论对理学的影响，则体现在理学兴起之后针对佛教实施“判教”之否定。华严宗“法界缘起，事事无碍”的教旨，对理学“体用一源，显微无间”理论的形成有直接关系。禅宗与理学的关系更为密切，禅宗对理学的影响“深且著”，理学是禅宗理论的直接继承者。“宋代理学所承继禅宗之遗产极富，如心体善恶问题，变化气质之学说，主敬主静之涵养功夫，目空千古之为学态度，皆系摄取禅宗之神髓而扬弃其糟粕者”②。隋唐佛教哲学的发展变化与分歧，为儒学的重铸、理学的兴起积累了丰富的思想资源，影响波及理学的话语表达和思想价值趋向。

第六，任继愈指出，唐宋之际湛然倡导“无情有性”的佛性论而宋儒“取其意”；梁肃撰《止观统例》，举“圣人极深研几、穷理尽性”之说以儒而释佛，开启儒佛交融之滥觞；韩愈、李翱斥

① 任继愈：《任继愈文集·理学探源》（第4卷），国家图书馆出版社，2014年，第142~148页。

② 任继愈：《任继愈文集·理学探源》（第4卷），国家图书馆出版社，2014年，第152页。

佛教消极之影响，力倡“道统”论与佛教“法裔相传”相抗，宋代儒者排佛自立，理学为“道统”论的继承和光大者；宗密的《原人论》和《禅源诸诠集都序》是直接影响周敦颐的著作，其论补缺儒家“宇宙生成、万物变化之学”的不足；禅宗契嵩“弃佛以从儒，泯除儒佛界限”，作《中庸解》和《辅教篇》，把佛教五戒律与儒家五常之教相合，把佛教慈悲与儒家仁义相媲，把佛教教义的宗旨解释为儒家的孝悌，且可以兼容儒家的内圣外王、修齐治平的内容[①]。唐宋之际“儒佛交争而互相摄取”促成佛道相争相融、相沫和相互会通，从而接引出理学的兴起。

概而言之，抗日战争的发生与触发任继愈的哲学思考有直接的关联。而抗战不仅仅是民族的苦难，更是中国现代哲学重光的诗篇。燃烧的城镇，流亡的大学，濒于崩溃的经济，屡败屡战的军事，一退再退的首都。但是，不管退到哪里，不管有多少国土沦丧，不管有多少民众牺牲，中国军民决不言败，血战到底，这样一幅波澜壮阔的历史长卷，充分展现了不畏强暴、同仇敌忾的民族气节和奋不顾身的民族精神，这是中华民族在绝境中奋起重光最辉煌、最悲壮、最感人的篇章，是我们十分珍贵的民族记忆，而撰写于抗战艰苦岁月之中的《理学探源》，则是任继愈在抗战初期研究中国哲学史的重要哲学文献，它反映出在外力制造国家困境与内心哲学忧思加以结合、平衡而形成的思想结晶，具有强烈的民族性和

① 任继愈：《任继愈文集·理学探源》（第4卷），国家图书馆出版社，2014年，第159页。“五戒曰不杀、不盗、不邪淫、不妄语、不饮酒。不杀仁也，不盗义也，不饮酒智也，不妄语信也”。

主体性。《理学探源》对于任继愈而言具有特殊的价值，一方面，相信儒学是抗战救国救民的真理，把理学看作民族真精神的载体，并自觉地将其视为哲学思考的对象；另一方面开展独立的哲学思考，考察理学为主线的中国哲学“进展之序”，在理学知识和思想的现实自证之中提纯其儒学信仰以凝聚爱国之心。这一时期，胸怀救国与爱国情怀的任继愈，在主客观上把儒学作为民族真精神追寻和哲学知识自我验证的对象，这才是支撑其心灵开展哲学沉思最持久和最重要的动力源。

三、爱国民主运动引发的哲学困境

抗战是对中国现代哲学史有影响深远的历史事件，与抗战时期中国哲学所张扬的民族精神相匹配的，还有对国内独裁和专制政权展开批判的爱国民主精神。如果说抗战初期儒学救国激励着任继愈的中国哲学史研究，那么抗战后期及抗战胜利之后掀起的关系到国家和民族前途命运的爱国民主运动，却牵引着任继愈的中国哲学史研究进入到一种尴尬的境地，使他的哲学思考陷入困境。具体表现为：一方面是在严峻的社会现实面前，任继愈依旧选择并坚持践行儒学的道德价值以期再建中国；另一方面是在发掘理学正面价值的同时，也认识到理学于事功无补的弊端和缺陷。在面对儒学在现实实践中诸多不良弊病的暴露之际，任继愈的中国哲学史研究不得不退回到观察现实与书斋思考之间，只能独善其身地坚守着儒家为人的基本道德，忍辱负重也寄希望于宗教“超道德”以改造社会。因此，笔者认为，由爱国民主运动所触发的哲学思考上的困境，成为任继愈反思并怀疑自己信奉的“儒学真精神”的节点。

（一）“行看中国再建”

抗战时期，任继愈学习和生活的西南联大号称爱国运动和民主运动的堡垒。他置身其中，对国民党政权专制独裁的肆虐和现实政治的黑暗有切身之触感。他根据自己的亲身经历，把西南联大时期的爱国民主运动分为三个时期：

> 1938 年初至 1941 年初皖南事变发生前，这是政治上以及各方面都比较活跃的时期；1941 年春至 1944 年春，这是皖南事变后国民党统治区内进一步对人民进步势力进行迫害的时期；1944 年春到 1946 年夏联大结束，这是民主运动、学生运动再度上升和高潮的时期。[1]

抗战初期，地不分南北、人不分老幼，军民昂首高唱抗战之歌如同枪炮声一样嘹亮。中国再不是“普天之下，莫非王土”的封闭疆域，而成为人民自己的国家，四万万同胞热血沸腾，万众一心、共赴国难，西南联大的师生们亦坚定必胜的信心，能够自由发表各种支持抗战的政治主张。抗战进入相持阶段之后，敌寇已显颓势，中华民族最危险的时刻得以暂缓，西南联大的师生们有了最低限度

① 任继愈：《任继愈文集·抗日战争时期的北京大学》（第10卷），国家图书馆出版社，2014年，第386页。

地对国家和民族前途命运的思考，人们怀抱着抗战结束之后再建中华的良好愿望，开始积极参与爱国民主运动。但此时的国民党政权坚持一党专政又贪污腐化，制造了屠杀共产党人的“皖南事变”。抗战胜利后，国民党又制造了戕害民主进步人士的“一二·一惨案”和“李闻惨案”等，致使民心尽失。面对国民党政权破坏抗争、镇压爱国民主运动的倒行逆施，任继愈在祭奠联大四烈士的挽联上，表明了自己的立场和态度：

> 挟书者族，偶语者诛，驱四万万人民尽效鹦鹉舌、牛马走，转瞬咸阳成灰，千古共笑秦王计；
>
> 杀身成仁，舍生取义，将一重重悲愤化作狮子吼、杜鹃魂，行看中国再建，日月长昭烈士心。[①]

这副挽联不仅表达出了任继愈对一再制造迫害民主人士凶案的国民党政权的愤慨和蔑视，同时也表明了自己坚守儒学大义以期“行看中国再建”的哲思。那么，儒学该如何“行”？通过这一时期任继愈的《郭象〈庄子注〉与〈庄子〉》一文，我们就会发现他是通过郭象《庄子注》与庄子哲学的比较研究，从两书的文本分析入手，先列举出“相反之处”，进而指出郭象哲学与庄子哲学的“相反之故”，其主旨则在于说明郭象《庄子注》内在蕴含的儒家精神从“哲学史的发展上”弥补庄子哲学忽略“人为的价值”缺陷，而这也是任继愈所认同的儒学“真精神”。

---

① 任继愈：《任继愈文集·抗日战争时期的北京大学》（第10卷），国家图书馆出版社，2014年，第393页。

第一，《庄子》与郭象《庄子注》的“相反之处”。任继愈指出，《庄子》推崇“天道之自然而菲弃人为的一切措施”，而郭象的《庄子注》却主张“人为也是天道”[①]；《庄子》反对人为的典章制度和人为的尊卑秩序，而郭象的《庄子注》则主张应该有组织，也应当有君臣内外、上下尊卑之分[②]；《庄子》把知识看作是违反自然的，把教化看作是没有用处的，最根本的“道”是不可以教的，只可以“意得而不可象求”，凡是能教人的知识都是驳杂肤浅的知识，而这些知识只能造成人类淳朴天性的毁坏，圣人对人是有害而无益的，但郭象的《庄子注》则承认教育与知识是有存在必要的[③]；《庄子》否认人的本性之中含有仁义，圣人教人以仁义不仅是多余，更是错误地“伤生害性”，这种圣人教化的伤害不但是对个人，甚至也是制造社会纠纷的因素，但郭象的《庄子注》则明确提出仁义存在的必要，仁义是人的本性，并不是人性的桎梏，至于仁义的害处也只是流弊之所及，并非仁义自身的问题[④]；《庄子》认同那些不溷在人为的是非得失之间超凡尘世的“神人”，圣人和仁义才是天下之乱的政治因素，而郭象《庄子注》则认为天下仍然需要人为的治理；《庄子》的“无为”是无所作为，尧舜治理

① 任继愈：《任继愈文集·郭象〈庄子注〉与庄子》（第4卷），国家图书馆出版社，2014年，第163~164页。

② 任继愈：《任继愈文集·郭象〈庄子注〉与庄子》（第4卷），国家图书馆出版社，2014年，第164页。

③ 同上。

④ 任继愈：《任继愈文集·郭象〈庄子注〉与庄子》（第4卷），国家图书馆出版社，2014年，第166页。

天下已属多事，更何况汤武之后的帝王，而郭象《庄子注》中“无为”是指人为的“率性而动”“各适其分”[①]；《庄子》主张混沌纯朴和渊静，人为造作的仁义礼乐和典章文物是对人性的束缚，“利”“名”“志”虽有高下之分，但其追求的最高理想还是“圣人贵精”（“精”是指精一不杂，完全摆脱人为的束缚而返其自然之真，即最朴素的人生，最单纯的人生），至于郭象的《庄子注》并不以“朴实无华为素”，却以自然不亏、不杂为素；《庄子》的世界观和宇宙观是温煦和美、完整的，不可以因为某人或某些人的亲爱而分割宇宙这个和谐的整体，而郭象《庄子注》的“天”和“自然”虽是指宇宙之大全，却是把人为的一切也纳入其中的，进而主张亲亲而仁民、仁民而爱物、爱而有差等的意思。

第二，《庄子注》与《庄子》的“相反之故”。任继愈指出，“庄子的理想，其所谓至德之世，是完全各适其性的逍遥生活，其理想的政治是渊静无为，其理想的社会是人人自治”[②]，《庄子》一书反映出庄子对于现实的人生极度浓厚的消极悲观情绪，庄子哲学是“悲观”“出世”的哲学。而郭象的《庄子注》之所以与《庄子》根本不同，是因为郭象的哲学不是悲观的，郭象的“人生宇宙观”不是出世的，《庄子注》反映的恰恰是魏晋时代的哲学精神。他对两汉到魏晋的哲学发展史和郭象《庄子注》的文献本身所反映

① 任继愈：《任继愈文集·郭象〈庄子注〉与庄子》（第4卷），国家图书馆出版社，2014年，第167页。

② 任继愈：《任继愈文集·郭象〈庄子注〉与庄子》（第4卷），国家图书馆出版社，2014年，第169页。

的“本末体用”问题这两个方面进行了阐述：（1）他认为，“魏晋时期道家老庄之学虽然很盛，同时儒家的潜在力量，经过两汉数百年经学的熏陶，早已深入人心。王弼精通老子之学，乃世所共知。他有意无意之间还是承认孔子是唯一的圣人。”“在魏晋时期，政治上是纷乱而浑浊，而当时的读书人，却仍保守儒家的传统习惯，都是崇孝弟之行，严家讳之禁，重礼教之防。……即是这些旷达的人物（笔者注：阮籍、刘伶等），还是对于孝弟、忠信、家讳等，仍是奉行唯谨，不敢逾越。这时凡是对于社会政治发生怀疑的人士，不入于佛即入于道。对于社会政治尚未完全绝望的人士，多半服膺儒家。”至于郭象就属于对社会政治尚未完全绝望的人，故“一方面崇尚老、庄之无为与自然，而一方面又服膺儒家之制作与名教。二者并不是冲突而是互相为用”。[①]任继愈指出，庄子讲“善人不得圣人之道不立，跖不得圣人之道不行。天下之善人少而不善人多，则圣人之利天下也少而害天下也多”。（《庄子·胠箧》）而在郭象的《庄子注·胠箧》中“名教与自然”是没有冲突的，反而主张“信哉斯言！斯言虽信，而犹不可亡圣者，犹天下之知未能都亡，故须圣道以镇之也。群知不亡，而独亡（于）圣知，则天下之害又多于有圣矣。”[②]（2）他认为，“魏晋时代的哲学上所讨论的是本末、有无的问题”。“本”“无”是寂然不动之体，“为宗极”，是“超乎象

① 任继愈：《任继愈文集·郭象〈庄子注〉与庄子》（第4卷），国家图书馆出版社，2014年，第169~170页。

② 任继愈：《任继愈文集·郭象〈庄子注〉与庄子》（第4卷），国家图书馆出版社，2014年，第170页。

外”“寂然无为”“自然绝待”的；而“末”“有”是感而遂通之用，“为流行”“为变化”，是“万象森然”的，“名教、礼法、典章、文物、制作”都是“用”的方面[①]。任继愈依据郭象《庄子注》中“体用本末”之辩的文献，指出郭象的哲学思想是“不废名教而崇尚自然，不舍方外而游于方内”[②]，与《庄子》“游于方外而遗弃方内”“崇尚自然而菲薄名教”哲学的不同[③]。

从这篇哲学文献来看，任继愈是把再建中国的希望仍然寄托在玄学精神内核中儒学“人为价值”、道德教育和仁义本性等。然而，随着抗战结束后国民党政权单方面撕毁《双十协定》，和平建国、各政党共同组建联合政府、国家和民族恢复元气以求休养生息等良好愿望彻底破灭，抗战胜利后的爱国民主运动遭遇更加严峻的现实。在社会进步和国家政治清明的渴求无法实现而陷入思想苦闷的双重逼仄之下，任继愈“行看中国再建”的中国哲学史研究又该走向何处呢？

（二）儒学的反思与怀疑

抗战胜利之后，西南联大完成了它的历史使命，各自返回原址。此时已成为北大哲学教师的任继愈也返回北大，自己渴望的崭新生活并未出现，未名湖的湖光塔影、最高学府的雕梁画栋、远处

① 任继愈：《任继愈文集·郭象〈庄子注〉与庄子》（第4卷），国家图书馆出版社，2014年，第170页。

② 同上。

③ 任继愈：《任继愈文集·郭象〈庄子注〉与庄子》（第4卷），国家图书馆出版社，2014年，第171页。

西山的夕阳美景他也无暇欣赏。1946年的时局骤变，国民党政权一意孤行，顽固坚持一党独裁，背信弃义，蓄意挑起内战，社会现实情况更加紊乱，国事颓废，贪官污吏横行，更加之国民经济的崩溃，货币贬值，物价飞涨，民不聊生，人民大众遭遇的压迫和不公，无所逃于天地之间，不堪的现实日甚一日。据任继愈回忆，他在抗战结束偕家返回北京之后，在沙滩红楼有一间住房兼书房，却读不下去书。这几年，感觉自己在中国哲学史及中国佛教哲学方面所研究的内容与现实脱节。这个矛盾无力解决，心情陷入苦闷[①]。事实上，苦闷之情容易引发悲观，苦闷和悲观的负重能让人迷失或者沉沦，但也会促使人们的思想走向成熟而洞彻现实，行为趋于稳健而选择汲取新知。造成哲学家思想苦闷的诸种情由，往往是促其哲学思想发生转变的前奏。任继愈这种转变的出现正是当时内外条件共同作用之下的必然反应。具体言之，在哲学思想层面对理学利弊两方面的重新认识是引发他反思“儒学真精神”的内在原因，现实之中国民党独裁政权对儒学意识形态化的操纵则是触发他怀疑理学“真精神”的外在诱因。

第一，反思理学的利与弊。置身于爱国民主运动之中的苦痛，牵引着任继愈自觉地对“儒学真精神”进行客观的反思，这体现在他对朱熹和王阳明教育哲学的专题研究。他既从其中确证儒家“人性皆善”对于教育的价值，也从中清晰地认识到理学“心性与治道”脱节的弊端。

---

① 任继愈：《任继愈文集·我的书斋》（第10卷），国家图书馆出版社，2014年，第425页。

一方面，任继愈赞赏朱熹和王阳明“人性皆善”的教育哲学。他认为朱熹教育哲学的正面价值体现在四个方面。首先，朱熹强调“学之为言效也，人性皆善而觉有先后，后觉者必效先觉之所为，乃可以明善而复其初也”与“为学首在变化气质”，以及亲自手订的白鹿洞书院教条，都说明其教育哲学是“人生方面的，是行为方面的，教人道德的践履”[①]；其次，朱熹教育哲学的理论源自孟子的“性善说”，这使得教育者先明了教育不是“外来的力量”，懂得个人本性善端的内在自觉，使人自觉、自知“人心的善端，人类的本性”，使教育的效能作用于人，使人的“操行践履由勉强而入于规矩”，使人的“心性修养由驳杂进为纯粹”，最终实现明善如初的结果；再次，在赞同朱熹提出的“气质的偏激”以解释和回应现实中何以出现不善的人或事的问难之后，任继愈进一步补充完善“气质”为“人的生理、心理、遗传、环境种种外援的总名”，置“人性本身原是至善”的观点于在先，把教育的引入看作是使人变化气质，“去其气质之偏激，变怯懦为刚强，化粗暴为和平”，最终实现“偏蔽”尽去而“复其和平中正的本性”[②]的途径；最后，从“人总脱离不了社会关系层”又是朱熹教育哲学的“真价值”所在。此外，任继愈也同样认同王阳明倡导以人的良知本心“格”自家身心之“物”，以实现“知行合一”的教育哲学。他指出，王阳

---

① 任继愈：《任继愈文集·朱子的教育哲学》（第4卷），国家图书馆出版社，2014年，第184页。

② 任继愈：《任继愈文集·宋明理学家的教育哲学——从朱子到王阳明》（第4卷），国家图书馆出版社，2014年，第174页。

明把“格物”的功夫当作“实际去做”，“格物”在于“正事”，就是把对“朋友的信义”“家庭的亲爱”“国家的忠诚”等事情处理得“正正当当，恰到好处”[①]。在任继愈看来，王阳明的“格物”不是对“外物的零星知解”，而是依靠人之“良知”本心，只要“格我们内心的物，去其不善以归于善就是格物”[②]。至于出现应当爱国而偏去卖国，知道应当守信义而偏不守信义这种“知而不行”的现象，任继愈指出这是违背了阳明从内在的“良知皆善”层面发挥“格物”“正事”以实现“正其不正以归于正”与“正心诚意”工夫合一的意蕴，而只有从“知行合一处”理会“致良知”的教育哲学，才是知识与行为“在内”的、彻底的“知行合一”[③]。

另一方面，任继愈指出朱熹和王阳明教育哲学普遍存在“重内轻外”的倾向。这在现实中往往导致理学与实际的脱节，最终导致理学沦为“无用之虚学”。对于朱子哲学的缺陷，任继愈对朱熹提出了直接的批评，认为“朱子犯了一个错误，即在于过分看重道德涵养的知识，而忽略了实际应用的知识，把实际应用的知识也归摄于道德涵养的知识之下，以致后来的理学家自以为涵养纯熟就可以治军，可以莅民，可以临事应变。可是一旦事情到手，往往不知所措”[④]。

---

① 任继愈：《任继愈文集·宋明理学家的教育哲学——从朱子到王阳明》(第4卷)，国家图书馆出版社，2014年，第177页。

② 任继愈：《任继愈文集·宋明理学家的教育哲学——从朱子到王阳明》(第4卷)，国家图书馆出版社，2014年，第178页。

③ 任继愈：《任继愈文集·宋明理学家的教育哲学——从朱子到王阳明》(第4卷)，国家图书馆出版社，2014年，第179页。

④ 任继愈：《任继愈文集·朱子的教育哲学》(第4卷)，国家图书馆出版社，2014年，第185~186页。

任继愈认为，朱熹的教育哲学仅仅重视“做人的学问”，关涉“人生方面”“行为方面”和“心性的涵养”，视“正心诚意”“居敬”“穷理”等为治学的方法，忽视“纯粹的知识及技术的知识”导致自身的理论“重内轻外”，在现实中不能够解决实际问题而遭遇严重的困境。至于“朱子的学生辈”更是延续了朱子教育哲学之中“特别着重心性的涵养”，重视受教育的内在本性自觉，只是教人道德的践履的知识而忽视了一切实际用途的知识传授，“不免对于纯粹的知识及技术的知识有所忽略”[①]的倾向，从而加速了理学的衰亡。也正因如此，任继愈指出朱熹哲学上的流弊暴露之后，才出现王守仁哲学的补救，但在阳明之后，阳明一派也忽略“体认外物的工夫”，把“意见”当“良知”，“束书不观，游谈无根”，一样造成“重内轻外”的后果，流弊所及使人狂妄自大，不着边际。

通过对任继愈朱子和阳明教育哲学的心得的研究，再结合当时国民党政权独裁的背景，我们就会发现任继愈艰难地从儒学中扬掘出“自由的限度”[②]，意图把儒学的正面价值作为文化、思想和学术进步的依托。然而，残酷的现实却是国民党政权视儒学为工具，让任继愈从儒学中提炼出的那些有价值的、可资凭借的思想资源变得日益晦暗不明。为此，任继愈不得不对当局操纵和玩弄儒学的行径展开批判，发出怀疑儒学的声音。

---

① 任继愈：《任继愈文集·朱子的教育哲学》（第4卷），国家图书馆出版社，2014年，第185页。

② 任继愈：《任继愈文集·自由的限度》（第10卷），国家图书馆出版社，2014年，第58页。

第二，对儒学的怀疑。对儒学的正面价值，任继愈是曾经寄予厚望的，但事与愿违，现实却是孔孟儒学被统治者操纵和玩弄，不但于改善动荡不安的政局毫无助益，反而成为搅乱人心的帮凶[①]。

面对国民党政权宣传儒学主张复古的逆流，宣扬今日世界“人心不古”“道德衰微”来掩盖其腐败政治现实的伎俩，任继愈针锋相对地分析了这种所谓“人心不古”的议论，否定了“真正泥古不化的人”以人心复古逃避现实的倾向，指出“至于人心，只是这个人心。古人的喜怒哀乐之感，我们也有的；古人的好恶是非之辩，我们也有的。我们决不能说今人的人心比古时的好，但也不能说今人的人心比古时坏”[②]。在他看来，当前政治的恶劣应该归咎于现实政治制度的无效与失责，而于古今人心好坏的争辩无涉，“目前的中国政治上的污点真是无从说起。但就行政效率来讲，谁都承认中国的衙门办事无效率，不负责任，也认为这与人心有关。……若不知道归咎于政治的制度而归咎于人心，这显然是不通的见解”[③]。那么，对待这样的政治乱局，应该怎么办呢？他批评当政者不明赏罚，不辨是非，罔顾法纪却又鼓吹道德良心，虚伪地学孟子“正人心，息邪说”的政治操纵术。任继愈认为，这是“忘本”，即忘记根本。那么根本是什么呢？在他看来，就是要变革现实政治制度。

① 任继愈：《任继愈文集·自由的限度》（第10卷），国家图书馆出版社，2014年，第58页。

② 任继愈：《任继愈文集·人心与政治》（第10卷），国家图书馆出版社，2014年，第62~63页。

③ 任继愈：《任继愈文集·人心与政治》（第10卷），国家图书馆出版社，2014年，第63页。

他警告当时的“政治首脑们”以“专讲良心与道德自豪”，结果只会把人心弄得更加虚伪，政治弄得更糟。

总之，恶劣的现实环境把任继愈从悬空的思索拉回人间，他不仅看透了国家当权者操纵利用孔孟道德之学以鼓动人心而转移人们对现实政治不满的伎俩，而且也对以孔孟道德治理国家的无力有了切身之感，开始对自己认同的“儒学真精神”产生了怀疑，承认“行善”为善束缚而障蔽，理学与世道脱节，沦为无用之虚学。

小　结

能否把握住一个哲学家最初的思想嬗变过程，是相对准确地理解哲学家思想精髓的前提。回顾民国后期任继愈在中国哲学史研究上发生变化的脉络，就为我们理解他为什么要选择马克思主义来指导中国哲学史研究打开了方便之门，就为全面理解和正确评价任继愈的中国哲学史研究打开了智慧之门。

身处1934年至1949年之间民国战乱频仍、内忧外患的学术环境之中，任继愈有感于“深挚而悲苦”的中国文化，才选择放弃攻读西方哲学的志愿而以中国哲学研究为志业，遂有对理学渊源的专题研究，朱熹哲学、王阳明哲学的个案研究，玄学、禅学与儒学的比较研究等，而这些研究成果表明传统哲学的儒、释、道是任继愈初涉中国哲学史研究的重要思想资源。著于抗战初期的《理学探源》一书是理学的专题研究，其目的在于提振民族精神，而抗战后期到中华人民共和国成立之前所著中国哲学史研究方面的文章多是个案研究、比较研究和社会生活评论，呈现出对传统哲学的再认识、反思以至怀疑的思想变奏。任继愈重视对宋明理学家教育哲学的阐发，是为了振奋和充盈儒家的道德精神，以拒斥国民党政权的专制独裁；当儒学对现实批判无力，任继愈寄儒家教育哲学拯救世道人心、再建中国的希望，不得不跨入道德人伦的固守和佛教“超道德”的忍辱负重。为此，笔者认为儒学道德和宗教的“超道德”在现实中无力改变暴虐政权对爱国民主运动的荼毒，才是任继愈的中国哲学史研究陷入“内容与现实脱节”的原因所在。事实上，任继愈对儒家哲学的认识和反思也只是刚刚开始，此时他也并没有彻底、全面地认清儒学的本质，但问题的关键恰恰在于怀疑与反思的基点一旦确立，就为他后来选择马克思主义哲学，把儒学的研究推至一个新的高度奠定了充分的思想基础。如今回看任继愈在1947年至1948年之间的相关哲学研究文献，我们就会发现他对理学的研究、反思和怀疑最为重要，其结果既为后来选择和接受马克思主义哲学这一新的理论扫清了思想障碍，又为20世纪80年代重新判定传统哲学的宗教特质带来思想契机。

概而言之，任继愈早期中国哲学史研究的思想发展由最初真诚地信仰儒学到自觉反思理学的困境再到怀疑儒学，这种精神嬗变历程对他而言是具有直接而现实的思想后果，为他在中华人民共和国成立后学习和接受马克思主义哲学，重新认识民族真精神，追寻中国哲学史研究的新路径，为后来把自己的中国哲学史研究推至一个新的高度奠定了思想基石。

余　论

本章之所以要粗疏地概括总结任继愈早期中国哲学史研究思想发展的进路，目的在于借助任继愈早期中国哲学史研究的思想嬗变历程，进一步探讨中国现代高等教育“场境”下哲学教育与哲学家成长的话题、抗日战争背景下中国哲学研究状况的话题、爱国民主运动与哲学家互动关系的话题，这对全面认识中国现当代哲学史的发展有很高的价值，应当引起人们的重视。

第一，任继愈早年的哲学训练离不开自身心性和自我学习努力程度等内在条件，亦脱离不了当时北京大学哲学系的培养目标、课程设置、教材体系、师资储备、学风、教风、校风等外在条件。而在这些内外要件的合力作用下，中国现代高等教育“场境”下的高等院校所开设的哲学专业及其积淀的哲学传统，对于有志于哲学学习的后进学子及其哲学素养的培养无疑是极为必要的。以任继愈早期的中国哲学史研究著作而言，他在北京大学哲学系求学和读研究生期间的中国哲学史研究大致可分为个案研究、专题研究、比较研究和社会生活评论四类。有人认为，这些著作是任继愈初窥中国哲学史研究门径的习作，不值得深究，但笔者认为此一点对任继愈这个有志于中国哲学学习的后进学者来说尤为可贵，它代表着一个青年学子与时代患难与共，借助哲学知识以滋养心智、健康成长的事实。

第二，时代背景之于哲学家的影响，不可谓不大。哲学视域下抗战的意义远远超出了战争胜负的本身，它更深层地触及现代中国的民族性与世界联通一体的进程，即中国与世界上的其他国家一起共同面对世界战争与和平的问题。抗战之于当时中国哲学发展的影响深刻而鲜明，这一时期有所建树的哲学家大都强调中国哲学的生命力和现实使命，他们对中国哲学抱有革新以图济世的良好愿望，是“抗战哲学史”最绚丽的篇章。笔者认为，任继愈置身于国家积贫积弱、内忧外患之处境，又亲历民族生死存亡，国家遭逢巨变的际遇，这些境遇对任继愈认识如何选择并致力于中国哲学史研究具有直接作用。目前，学界也已经注意到抗战对于中国哲学转型和新生的影响，其相关研究的成果也颇为丰硕，但学界对抗战时期任继愈从事中国哲学史研究心路历程变化的研究似有缺失，故笔者意图补缺遗漏，以方便学术界书写好更完整的“抗战哲学史”。

第三，爱国和民主在中国有着深厚的社会基础，历史已然证明。进入20世纪，为了摆脱挨打亡国的命运，中国社会的爱国民主运动狂飙突进，此起彼伏。“五四”时期的爱国民主运动针对的是北洋政权的卖国行径，抗战胜利前后的爱国民主运动针对的是国民党对异见者的屠杀、独裁专制和贪腐“国祸”。残酷的现实教育善良的人们逐渐觉醒，一个专制独裁和不能廉洁奉公的执政党不能带领中华民族走向抗战的胜利，更不能带领中华民族走向新生。得民心者得天下，失民心者失天下。抗战胜利之后的爱国民主运动反映出的正是人心向背的时势，虽然这点已被后来的历史佐证，但它所昭示出的时代命题依然严峻地横亘在人们面前。从拯救国家危亡的角度来看，任继愈归宗儒学以凝聚爱国之心、强调一致对外的哲学思考是值得表彰的，但如果从哲学的视角来看，任继愈在爱国民主运动下的中国哲学史研究，其对儒学自我道德修养知识和儒教信仰的固守，对儒家行善为善所“紧缚”和“障蔽”的哲学缺乏深刻反省，致使自己的中国哲学史研究陷入理想与现实脱节的困境，实在令人唏嘘。事实上，这种状况就像与人为善而好心却办错事一样，任继愈在爱国民主运动时期的中国哲学史研究正是在对这一时代命题回应时所获得的经验教训，值得今日学界重新认识和思考。毕竟，单纯的宣扬和践行儒家道德知识的内化也只是“独善其身”，而盲目的皈依宗教信仰也更会因执念而自苦。

第二章　中华人民共和国成立初期任继愈的中国哲学史研究

中华人民共和国的成立把中国现代哲学的发展带入到崭新阶段。众所周知，任继愈是中华人民共和国成立后成长起来的运用马克思主义开展中国哲学史研究的哲学家，然而追溯其过往的哲学人生，我们知道他是从20世纪50年代初由信奉儒学的爱国者转变为马克思主义者，并开始运用马克思主义的立场、观点和方法指导其中国哲学史研究。事实上，如果一旦继续追问下去自然就会产生这样一些问题：他最初自觉地选择用马克思主义指导中国哲学史研究的内在思想逻辑是如何转化发生的？他是如何运用马克思主义来开展中国哲学史研究的？又取得了哪些新的哲学认识？故此，本章围绕这几个问题展开，以任继愈在这一时期的中国哲学史研究相关文献为研究对象，以考察任继愈在中华人民共和国成立初期学习马克思主义的情况和初步运用马克思主义指导其中国哲学史研究为主线，以助于说明中华人民共和国成立初期任继愈的中国哲学史研究是如何生成的，进而梳理出中华人民共和国成立初期任继愈的中国哲学史研究的嬗变过程。

一、学习马克思主义　确立新世界观

中华人民共和国成立之后，过去不占重要地位的马克思主义哲学开始居于主流，马克思主义哲学指导中国革命取得胜利，中国近现代哲学完成了由进化论到唯物论的最后总结。新政权的建立带来了新哲学的广泛传播和普及，从民国进入新社会的一大批知识分子开始了解和认同新哲学，而当时憧憬未来良好愿景的中华人民共和国哲学界，亦加快了学习和接受马克思主义立场、观点和方法的步伐[①]。据任继愈回忆，他就是在中华人民共和国成立后，开始学习马克思主义，学着用辩证唯物主义和历史唯物主义来观察中国文化，重新认识中国哲学的发展，迅速完成了哲学世界观上的新旧更替[②]。至于当时从事哲学研究资历比任继愈长的老师前辈们的学术旨趣也普遍发生着明显的变化，如汤用彤、贺麟、郑昕、冯友兰、朱光潜等先后公开表示愿意接受马克思主义哲学，努力争取做“真正的人民的哲学家”，而他们学习和接受马克思主义哲学，都是经过深思

---

① 陈唯实：《新哲学体系讲话》，上海作家书店，1937年，第9页。“实践主义的，这就是新哲学的伟大内容，故无论从任何方面讲，都非把它具体化不可，只有具体化才能发挥现实的作用，因此新哲学的具体化是哲学运动的最重要的任务。”转自张允熠：《历史的抉择：中国人为什么要接受马克思主义》，人民出版社，2016年，第140页。

② 任继愈：《任继愈文集·自传》（第10卷），国家图书馆出版社，2014年，第413页。

熟虑做出的自愿的抉择[1]。

（一）新哲学的普及和接纳

马克思主义哲学的传入对中国现代哲学的发生具有革命性意义，在积极参与“五四”之后中国现代四次学术论战之后，它在中国社会已初具规模，并成为影响日益广泛的主流哲学，并以新哲学的形态登堂入室，走进人们的精神世界[2]。而这又在中国社会形态的革命性变革上体现得尤为明显，在马克思主义哲学的指导下，中国的新民主主义革命取得了胜利，建立了中华人民共和国，新哲学伴随着新政权的建立而扩展和影响全国。那么，原先在旧政权下生活和工作的知识分子就面临着一个如何对待这个新哲学的问题。从民国时代步入中华人民共和国的知识分子们所面对的这个新生政权，与历代王朝更替之后士大夫们所迎接的朝廷有着根本的不同。但凡中国历史上的王朝更迭，士大夫们所服务的对象虽然有着改变，但他们所掌握的知识，特别是统率这些知识的所谓“天道”信仰则是因循相袭、变化不大，士大夫们用他们拥有的知识、思想和信仰重新出入庙堂为帝王将相服务，参与国家的政权建设和社会的教化。但面对中华人民共和国这个新生的人民政权，信奉“天道”和掌握

① 任继愈：《任继愈文集·自传》(第10卷)，国家图书馆出版社，2014年，第413页。

② 方克立：《20世纪中国哲学的宏观审视》，《方克立文集》，上海辞书出版社，2005年，第360页。“马克思主义哲学在中国传播与发展过程中，经过问题与主义论战、科玄论战、中国社会性质论战和中国社会史论战，特别是经过唯物辩证法论战，逐渐成为中国现代哲学的主潮。”

某种“思想流派”“主张”“主义”的知识分子们，与服务最广大人民群众的马克思主义者们在立场上有着根本的区别。当然，这些知识分子也并不是传统意义上的士大夫，他们在经历近代爱国、自由、平等、民主、科学等新观念的洗礼之后，与建立新政权的马克思主义者们所要追求的奋斗目标殊途同归，只是在具体地、细化地落实这些观念的认识和做法上存在着差异、争论和分歧。同样，如何使非马克思主义的知识分子认识新政权的新思想，也是摆在新政权建设者面前的问题。因此，为了解决这个当时共同而普遍的重要问题，那些始终与国家民族同呼吸、共命运的爱国哲学家们和新政权的思想建设者之间进行了善意而积极的学术交流互动，为中国现代哲学在新的历史阶段的成长尽可能地提供了良好的氛围和发展的空间。

第一，从新政权的思想建设者这方面来说。争取爱国哲学家们并使他们接纳社会主义，首要的问题是要向他们普及宣传新哲学，帮助他们学习马克思主义的基本理论[①]。为此，新政权的领导者和

---

① 据笔者粗疏的统计，中华人民共和国成立初期社会上流行的新哲学普及的重要哲学著作大致有三类。第一类，经典马克思主义哲学著作。它们主要是为满足马克思主义哲学基本原理的教育普及而大量翻译出版的质量较高的马克思主义哲学经典文本。主要包括：郭大力翻译的《剩余价值学说史》（也就是《剩余价值理论》的第1、3卷，1949年出版，并于1951年、1957年重印）；郭大力、王亚南合译的《资本论》（第1、2、3卷的修订版在1953年和1954年出版）；吴黎平、刘云翻译出版《法兰西内战》；吴黎平翻译出版《社会主义从空想到科学的发展》和《反杜林论》；张仲实翻译出版《家庭、私有制和国家的起源》和《路德维希·费尔巴哈和德国古典哲学的终结》；博古校对翻译出版《共产党宣言》；何思敬翻译出版《哲学的贫困》以及和徐冰合作翻译并出版《哥达纲领批判》。此外，报纸、杂志也反复刊载了马克思和恩格斯的著作、言论辑录、书信集作品等。据载，中华人民共和国成立后的《中

马克思主义哲学家做出了积极的努力，毛泽东多次号召知识分子学习马克思主义哲学，他提出：“对知识分子，要办各种训练班，办军政大学、革命大学，要使用他们，同时对他们进行教育和改造。要让他们学社会发展史、历史唯物论等几门课程”[①]；1951年3月27日，毛泽东在致李达的信中再次提道：“关于辩证唯物论的通俗宣传，过去做得太少，而这是广大工作干部和青年学生的迫切需要，希望你多多写写文章。”[②]马克思主义哲学家艾思奇多次应邀到北大、清华开设普及社会发展史、辩证唯物主义和历史唯物主义的讲

国青年》《学习》《新华日报》《文史哲》《经济周报》《史学译丛》《民族问题译丛》《译文》等报纸和杂志陆续刊载了翻译成定本的马克思和恩格斯著作；1949年创刊的《新建设》，从1949年10月出版的第7卷第4期到1956年11月共刊载马克思和恩格斯的著作共三十六篇。第二类，苏联马克思主义的著作。《联共（布）党史简明教程》（其中第四章第二节《辩证唯物主义与历史唯物主义》由斯大林执笔撰写，博古1938年12月翻译为中文）、《苏联哲学问题》（日丹诺夫等著，李立三等译，1950年由北京新华书店出版，印数20000册）、《在关于亚历山大洛夫著〈西欧哲学史〉一书讨论会上的发言》（日丹诺夫著，李立三译，1954年由人民出版社出版，印数15000册）和专门从事哲学史研究的苏联专家在中国重点院校传播的马克思主义基本哲学相关著作（苏联专家来华传播苏联所理解的哲学史著作有《古代哲学史讲稿》一书，谢·斯·吉谢辽夫、瓦·依·科洛加什尼合著，刘群口译，中共中央党校出版社出版，1957年5月1日出版，印数40000册）。第三类，中国马克思主义哲学家的著作。1951年10月《毛泽东选集》（第1卷）出版前后，《人民日报》于1950年12月和1952年4月先后发表了《实践论》和《矛盾论》，1951年1月29日，《人民日报》发表社论《学习毛泽东同志的〈实践论〉》，2月16日，《人民日报》再次发表社论《“实践论”开辟了我们学术革命的思想道路》《历史唯物论——社会发展史讲授提纲》（艾思奇著）等。

① 《毛泽东著作选读》（下册），人民出版社，1986年，第696页。

② 中共中央文献研究室编：《毛泽东年谱》（1949—1976），中央文献出版社，2013年，第318页。

座，其中“三进清华园”的事迹被传为一时佳话[①]。对于艾思奇在普及新哲学上的贡献，任继愈曾著文评价他是“普及马克思主义哲学的功臣”[②]。事实上，新政权的建设者之所以重视思想理论建设，是因为在他们看来，马克思、恩格斯深入研究了资本主义社会的政治经济危机，从而为人类社会未来发展指明了前进的方向和道路；列宁、斯大林建立并捍卫了世界上第一个现实的社会主义国家政权，而毛泽东思想则是指导中国革命取得胜利和实现民族独立自主的理论。在中华人民共和国成立后百废待兴、千帆竞举的新形势下，亦需要符合中国社会主义建设实际的、集思广益的新哲学。因此，新政权的建设者希望在全国范围内学习新哲学，掀起了“思想领域的解放战争”，团结并积极引导中华人民共和国的哲学界进入到用辩证唯物论和历史唯物论的观点和方法指导哲学探究的轨道之上[③]。

第二，从旧政权中过来的爱国哲学家这方面来看。“中国在世界上站起来”是几代人的共同愿望，“只要能推动国家进步”就都甘心情愿，这或许是老一代爱国哲学家们共同的心声，他们始终主

---

① 卢国英：《智慧之路——一代哲人艾思奇》，人民出版社，2006年，第455页。

② 任继愈：《任继愈文集·艾思奇同志》（第5卷），国家图书馆出版社，2014年，第279页。

③ 《“实践论”开辟了我们学术革命的思想道路》，《人民日报》，1951年2月16日。“……宣传唯物论，宣传辩证法，这就是说，必须对着那种从封建社会沿袭下来的神秘主义和烦琐主义的经院哲学派，对着近代中国那些或是土生的、或是从西方反动资产阶级那里贩运来的各种唯心论和神秘主义的反动思潮，继续进行革命的批判战斗。宣传唯物论，宣传辩证法，这就是说，必须用唯物论和辩证法来建立我们真正的历史科学，来发展我们的自然科学。”

动地把民族命运与自己的学术研究结合在一起。中华人民共和国的成立使他们认识到弱小的共产党和共产党军队赢得人心，战胜由世界头号强国支持的武装到牙齿的执政党和国民党军队，其中必有过人之处。他们相信在新政权的领导下，一定能够实现他们多少年来朝思暮想的民族独立、国家富强、人民安居乐业，再也不用遭受来自那些外来帝国主义列强的欺压屈辱和贬损[①]。因此，爱国哲学家们也愿意学习新政权带来的新哲学，以自觉、主动和接受的姿态投入到新思想的学习和研究之中。据记载，仅在北平和平解放后的1949年5月前后，金岳霖、郑昕等爱国哲学家就有意识、自发性地召集从事哲学研究的学者，开展了哲学和哲学史问题的讨论座谈会。据郑昕说："这个座谈会，过去是由我和金岳霖先生召集的，大家自由参加，采取个人演讲为中心的方法。"[②]据张岱年回忆：1950年初，清华大学的金岳霖和冯友兰"都努力学习辩证唯物论哲学，思想上有了重大的转变"[③]。另据《金岳霖年谱》载：1949年7月8日，北京大学原哲学系和一些从事哲学研究的学者们在北平举行了会议，自发组织成立了"中国新哲学研究会"，其宗旨是"团结全国哲学工作者和传播马克思主义哲学与毛泽东思想，以期正确认识新民主主义社会发展的规律，并批判吸收旧哲学的遗产，在文化思想战线上

① 中华人民共和国成立前夕，中英之间的"紫石英号事件"极大地提高了中华人民共和国在知识分子群体中的威望。

② 《新建设》，1950年第3卷第1期，第73页。转引乔清举：《当代中国哲学史学史》(上册)，上海古籍出版社，2014年，第12~13页。

③ 张岱年：《耄年忆往——张岱年自述》，山西人民出版社，1997年，第37页。

展开对于各种错误思想意识的批判”[①]。这里尤其要着重指出的是在“中国新哲学研究会”于1949年7月8日成立至同年的秋、冬之际，马克思主义哲学家们就与原先那些有中国哲学、西方哲学知识背景的爱国哲学家们展开了有组织的良好互动[②]。据任继愈回忆：

> 记得北平解放后，北京大学定期举行哲学双周座谈会。参加者有两部分学者：一部分是较早接受马克思主义思想的学者，其中有侯外庐、何思敬、徐特立、艾思奇和胡绳。另外一部分学者是当时北京大学和清华大学哲学系教师。北京大学有汤用彤、朱光潜、贺麟、郑昕、胡世华、齐良骥、任继愈。清华大学哲学系有冯友兰、金岳霖、邓以蛰、任华、王宪钧、张岱年。座谈地点在北大孑民堂。这是北大最大的一个会议室和对外接待室。时间定在隔周的星期日上午。每次座谈会，推一位主讲人，大家提问题讨论，不拘形式，交换意见，会场气氛生动活泼。清华大学远在城外，交通虽不便，但清华的教授们都按时参加，风雨无阻。因为解放后大家对马克思主义哲学很感兴趣，新旧

① 《金岳霖文集》(第4卷)，甘肃人民出版社，1995年，第809页。

② 中国社会科学院哲学研究所编：《中国哲学年鉴1982》，中国大百科全书出版社，1982年，第298~299页。1949年7月8日“由全国各地哲学工作者发起组织的中国新哲学研究会，在北平召开发起人会议。会上讨论了筹备会组织章程和暂行草案，选出李达、艾思奇、何思敬、金岳霖、张东荪、汤用彤、郑昕、何干之、马特、胡绳、夏康农等11人为筹备会常务委员会委员，并推举李达为主席，艾思奇、郑昕为副主席”；同年秋、冬“中国哲学会（按，‘中国哲学会’是‘中国新哲学研究会’的别称）组织一些马克思主义哲学工作者和北京大学、清华大学哲学系教师，每两周举行1次研讨会，学习马克思主义哲学，改造世界观，并讨论各种哲学专业问题。”

哲学工作者相互交流，获益很多。

讨论的题目，记得有西方美学思想、黑格尔哲学、康德哲学、罗素哲学、杜威哲学、形式逻辑、数理逻辑、中国近代思想。记得关于形式逻辑是不是形而上学，当时有过争议，艾思奇同志主张形式逻辑即形而上学，金岳霖及清华、北大的学者都认为这两者不是一回事。经过反复辩论，后来取得共识，认为形式逻辑不是形而上学。金岳霖为形式逻辑正名，坚持真理，艾思奇虚怀若谷的风格深为哲学界称道。时隔几十年，当时争辩的问题早已不成问题，这次争辩已被遗忘，但在当时，却被看作一件大事。①

如果稍加留心，我们就会从参与“中国新哲学研究会”的学者名单，从涉及的中国哲学史、外国哲学史、逻辑、中国近代思想史、辩证唯物主义和历史唯物主义这五个哲学讨论的范围看出，“中国新哲学研究会”的成立及其开展的工作是中华人民共和国成立之后马克思主义哲学、中国哲学、西方哲学三方最早进行思想交流与论辩的“自组织型”学术活动，它已然成为中华人民共和国成立初期马克思主义哲学家与这些爱国哲学家良性互动的平台，与会的人员不仅是积极的参与者，亦是受益者。而这些爱国哲学家们通过对新哲学的接触，不仅使自己的哲学头脑焕然一新，也促使自己以火热的心态投入到中华人民共和国的社会主义思想建设的实践活动之中，实现着行为上的脱胎换骨。《三松堂自序》载：1949年10

① 任继愈：《任继愈文集·艾思奇同志》（第5卷），国家图书馆出版社，2014年，第279~280页。

月5日，清华大学文学院院长兼哲学系主任冯友兰致函毛泽东主席，决心在五年内学习并掌握马克思主义，并运用马克思主义的立场、观点、方法重写一部新的中国哲学史[①]。对于中华人民共和国成立初期中国哲学界围绕“中国新哲学研究会”而展开的哲学对话活动，后来从事马克思主义研究的学者回忆总结这一时期新哲学所取得的主要成果时，就概括为：“劳动创造人类世界、阶级和阶级斗争、人民群众创造历史和马克思主义的国家观，目的是要知识分子树立历史唯物主义的劳动观、阶级观、群众观和国家的观点。”[②]可是专门从事中国哲学专业研究的学者，则似乎遗忘了它的存在，至于论及这种哲学对话互动对于中国当代哲学史发展意味着什么就更是凤毛麟角了，这不得不说是一种遗憾。

概而言之，中华人民共和国成立初期马克思主义哲学家和从事西方哲学、中国哲学研究的爱国哲学家们的积极互动，使中国现代哲学的发展呈现出一种全新气象，而这样的时空氛围为任继愈新世界观的酝酿以及转变提供了可能。此时，作为北大青年教师的任继愈，既如沐春风地学习了马克思主义哲学，也心情愉快地参加了土地改革，他开始自觉自愿地学习和接纳新哲学。

（二）学习新哲学

任继愈是中华人民共和国成立后最早系统接触马克思主义哲学的学者之一，而他之所以能够接受新哲学也有其学理发展的内在

① 冯友兰：《三松堂自序》，生活·读书·新知三联书店，1984年，第156页。

② 杨春贵主编：《中国哲学四十年》，中共中央党校出版社，1989年，第4~5页。

逻辑。事实上，任继愈在中华人民共和国成立之前的中国哲学史研究，已经初步有了运用“文化、思想、学术，是永远进步的。那么，社会也就永远在改进”的视域来阐述社会发展变革与哲学变革之间关系的致思倾向①。对于社会的变革，他视“文化的努力”是推动社会进步的根本方法，反对走复古的道路；对于哲学的变革，他论及中国哲学思想“进展之序言，莫不新陈代谢，相反相成，其因革不同，每一时期皆有发挥，皆有其使命，及功成身退，如果熟自零，殆为进展之通例。穷则变，变则通，亦天道之自然”②。任继愈的这种思想认知水准存在着与新哲学发展观接榫的可能，而新哲学恰逢其时的出现更是有助于直接打破旧知与新知的隔阂，促成其新世界观的生成。

除了这种客观存在的条件，任继愈更多的还是借助多种途径吸纳新知，内在性地沉浸于学习新哲学，而这些方式和方法都对促成其新世界观的生成助益良多。据查，1949年至1952年之间是任继愈全身心投入学习新哲学的时间段，他没有任何有关中国哲学史研究的专门著作发表，始终处在学习新哲学的状态。由此，笔者认为中华人民共和国成立初期学习新哲学的这个时间段和过程对于任继愈来说就尤为切要了，可谓他最终转变哲学世界观的酝酿期。而这不仅仅是任继愈世界观转变的关键节点，更是关乎任继愈未来运用新

---

① 任继愈：《任继愈文集·自由的限度》（第10卷），国家图书馆出版社，2014年，第61页。

② 任继愈：《任继愈文集·理学探源》（第4卷），国家图书馆出版社，2014年，第160页。

知识认识和审视中国哲学史研究的契机。

那么，任继愈在这一时期学习新哲学的方式和方法具体有哪些呢？

第一，向“马克思主义哲学工作者”学习。据任继愈回忆，他最初学习马克思主义是在党和马克思主义哲学家的积极帮助下开始的。这期间，新哲学的学习首先是以爱国哲学家和马克思主义哲学家个人主讲和集体研讨，学术争鸣的方式进行。

> 建国后，党十分关怀知识分子的成长，积极帮助他们学习马克思主义的基本理论。解放初期北京大学、清华大学哲学系的教师和一些马克思主义哲学工作者，定期（每两周一次）举行讨论会。当时北京大学哲学系教师们过去基本上都未曾接触过马克思主义，这样的讨论会是一个很好的学习方式。经常参加的，北京大学有汤用彤、贺麟、郑昕、洪谦、朱光潜、胡世华、齐良骥、任继愈等人；清华大学有金岳霖、冯友兰、张岱年、任华、邓以蛰、王宪钧等人。当时研究马克思主义多年的艾思奇、胡绳、侯外庐、何思敬等同志常来参加，徐特立同志有时也来参加。讨论会人数不多，自由参加，不拘形式，每次都有一人作中心发言，其他人围绕这个中心问题自由发言。金岳霖同志讲过形式逻辑，胡世华同志讲过数理逻辑，郑昕同志讲过康德，贺麟同志讲过黑格尔。发言多的是艾思奇、胡绳、何思敬几位同志。他们除了介绍马克思主义、毛泽东思想外，还给大家解答一些问题。当时我们没有接触过马克思主义，什么是历史唯物主义还很不清楚。通过这样的学习、交流，获益很多……

> 当时我们的学习，基本上是用从延安带来的办法。马克思主义者从来不采取教训人的态度，一些旧社会过来的唯心主义者，也没有顾忌地提出问题讨论。那时还没有提出过“不戴帽子、不抓辫子、不打棍子”的口号，但大家实际上做到了“三不”[①]。

细而察之，任继愈正在这种以理服人、学术辩难、积极互动的学术交流氛围之下学习新哲学的。他称艾思奇、胡绳、侯外庐等为“马克思主义哲学工作者”，虚心地向他们求教学习。在他眼里，艾思奇是自己“学习马克思主义哲学的启蒙老师”[②]，更是“普及马克思主义哲学的功臣”。任继愈认为，艾思奇除了有把哲学普及到社会、人民大众的功绩，更有另一重大功绩，就是把马克思主义哲学普及到大学、高等研究机构，把本来站在唯心主义一边的大批旧知识分子引导到马克思主义一边来[③]。对于自己的大学同学胡绳，任继愈是学其所长，两人彼此切磋问学结下了深厚的友谊。好友去世的时候，任继愈写文章悼念，称赞这位昔日的同窗在治学上贯彻唯物主义“实事求是”原则，学问研究“总是广泛占有第一手资料，想好了再说，看准了再写”[④]。对于年长的马克思主义史学家侯外庐，任继愈认为他是自己学习马克思主义哲学“最早的启蒙老师之

① 任继愈：《任继愈文集·开始学习用马克思主义》（第10卷），国家图书馆出版社，2014年，第414~415页。

② 任继愈：《任继愈文集·艾思奇同志》（第5卷），国家图书馆出版社，2014年，第281页。

③ 任继愈：《任继愈文集·艾思奇同志》（第5卷），国家图书馆出版社，2014年，第284页。

④ 任继愈：《壮志未酬的一生——怀念胡绳同志》，《百年潮》，2002年第1期。

一”[1]，在一次纪念侯外庐的学术讨论会上，任继愈称赞这位老师学问渊博、学术造诣深厚，影响巨大的学术成就是在用“实际工作的成果、科研的成果来显示历史唯物主义的优越性”[2]。

第二，自主学习和钻研马克思主义哲学经典著作。学习和钻研马克思主义哲学，系统掌握其哲学体系内在的、有机的联系，深刻理解马克思主义的精神气质和哲学精髓，仅仅依靠听讲、讨论等“速食”方法是不可靠的，而踏实有效的方法还是按部就班、原原本本地研读马克思主义哲学的经典著作。正如任继愈在谈及自己在中华人民共和国成立初期如何学习马克思主义时所指出的那样：

> 学习马克思主义，光讨论不行，更重要的是必须系统地阅读、钻研马克思主义的经典著作。解放前，在国民党统治区里，这些书是被禁止的，不得公开发行。解放后，学习条件变了，我们有充分的时间，也能够读到马、恩、列、斯的重要著作。那时全集还没有译出来，但也可以读到一些外文本（如英、德、俄文本）[3]。

在学习新哲学的这一时期，任继愈特别注重从马克思主义哲学的原典入手，他认为学习马克思主义，仅仅停留在理论问题的讨论学习是远远不够的，更重要的是必须系统地学习和钻研马克思主义哲学的经典著作并内化提升为理论思维。

---

① 任继愈：《任继愈文集·侯外庐先生与他的学派》（第10卷），国家图书馆出版社，2014年，第268页。

② 同上。

③ 任继愈：《任继愈文集·开始学习用马克思主义》（第10卷），国家图书馆出版社，2014年，第415页。

1952年，北京大学由城内迁往城外，我住在中关园，自己又有了一间书斋。有机会系统学习马列主义，眼界比过去开阔了，对社会历史与思想的关系看得比过去清楚多了①。

正是通过深入系统地学习和钻研了马克思主义哲学这个新领域，任继愈的学术视野得到极大的开阔，认识中国哲学史的思路得以拓展。事实上，作为一个学者，任继愈曾经历过旧社会多方的苦难，又经历过多年在理论上验证儒学是否为中华民族真精神的苦苦求索，最终找到并认同马克思主义这个新的真理，自然也得出新的认识。那就是通过对马克思主义的系统学习，初步掌握了用马克思主义哲学的辩证唯物史观来观察认识社会和分析历史上的现象。学习新哲学，让任继愈感到“十分振奋”。他认为自己用这个真理来分析中国文化，使过去看不清楚的问题现在看清楚了：

全国解放后，开始学习马克思主义，学着用历史唯物主义来观察社会和分析历史现象。初步学到了这个方法，使我十分振奋。回头来再剖析我中华民族的文化，就有了下手处，过去看不清楚的，现在看得比较清楚了②。

自此以后，马克思主义哲学经典著作的精华内容就不仅成为任继愈学术研究的重要思想资源，更是成为指导其开展中国哲学史研

① 任继愈：《任继愈文集·我的书斋》（第10卷），国家图书馆出版社，2014年，第425页。

② 任继愈：《任继愈文集·自传》（第10卷），国家图书馆出版社，2014年，第413页。

究的基本原则和灵魂所在。

第三，密切联系群众，参加社会实践。马克思主义哲学的经典著作对密切联系群众的重要性进行了说明，“批判的武器当然不能代替武器的批判，物质力量只能用物质力量来摧毁，但是理论一经掌握群众，也会变成物质力量。理论只要说服人，就能掌握群众，而理论只要彻底，就能说服人”①。密切联系群众，一切从人民群众的利益出发，全心全意为人民服务，对于新政权而言是其执政的宗旨和本色所在。民国政府亡于贪腐的教训殷鉴不远，新政权执政之初就通过开展自我净化的“反贪污”运动赢取了人民的尊重，作为一个爱国和有社会责任感的学者，任继愈对贪污腐化的事情更是深恶痛绝的，他不仅撰文坚决反对之，还在对这种社会丑恶现象分析之后提出了祛除享乐腐化思想的建议，指出各级人民政府应该“及时建立一套严格的人事及薪给制度，再结合批评与自我批评，才可以切实有效地抵制贪图享乐思想的腐蚀”②。此外，任继愈还与当时北大、清华哲学系的同事们共同参加了轰轰烈烈的土地改革运动，这使他进一步感受到马克思主义哲学那改天换日的气魄。任继愈晚年回忆参加京郊的土地改革运动和到全国各地参观土地改革运动后的收获时说：

作为一个中国哲学史研究者，不了解中国的农民，不懂得

---

① 马克思：《〈黑格尔法哲学批判〉导言》，《马克思恩格斯文集》（第1卷），人民出版社，2009年，第11页。

② 任继愈：《任继愈文集·坚决反对享乐腐化》（第10卷），国家图书馆出版社，2014年，第68页。

他们的思想感情，就不能理解中国的社会；不懂得中国的农民、中国的农村，就不可能懂得中国的历史。我自己深切感到，由于参加了土地改革运动，与农民共同生活在一起，思想感情有了很大的变化，从此真正感到过去儒学家讲的“修身、齐家、治国、平天下”以及“天地万物一体之仁”“亲亲而仁民，仁民而爱物”都是虚的。即使古人真正这样想的，也救不了天下，救不了人民，只能把旧中国拖向苦难的深渊[①]。

借助参加土地改革运动的社会实践，任继愈进一步加深了与农村、农民的情感，学会了用马克思主义哲学的视角重新审视儒家思想。在他看来，了解并懂得中国的农民群体有助于理解中国的社会和历史，这些知识是从事中国哲学史研究工作的学者们应该具备的必要条件，而马克思主义哲学的“阶级性是为了广大人民群众（儒家传统说法为关心天下忧乐）”，而另外一个条件是实践性，它使“为学不尚空谈理论，这也是中国传统哲学的重点（为生民立命，为万世开太平）”[②]。

可以说，正是通过理论与实践相结合的方式学习新哲学，任继愈增强了对新思想的认识，认同并接受了马克思主义哲学这个观察问题、变革现实的世界观和方法论，开始自觉地坚持用马克思主义的立场、观点和方法开展中国哲学史的研究，而这一时期任继愈在

① 任继愈：《任继愈文集·开始学习用马克思主义》（第10卷），国家图书馆出版社，2014年，第415~416页。

② 任继愈：《任继愈文集·冯友兰先生在中国哲学史领域里的贡献》，（第5卷），国家图书馆出版社，2014年，第226页。

中国哲学史研究上的诸多哲学著作无疑集中反映出了这种转变。

二、中国哲学史研究方向和方法的校准

1949年至1957年之间是新政权的经济建设和思想建设颇见成效的时期。就思想建设方面来说，受新哲学普及的直接影响，马克思主义的世界观和方法论成为指导哲学研究方向的定盘针，为中国哲学史研究领域拓展出了广阔天地。正如《当代中国哲学研究》（1949—2009）一书在论及中华人民共和国成立后中国哲学史研究的变化时所说："突破了以儒、道为主的研究模式，对历史上多数学术流派进行了研究；突破了以重要思想家为对象的领域，对历史上不受重视或重视不够的哲学家及其哲学思想进行了研究。……这样的研究表明了中国哲学史研究在新的方法论和问题意识上呈现出的新局面。"[①]诚如该书所言，这一时期中国哲学史研究所取得的诸多成绩，的确造就了中华人民共和国成立之后中国现代哲学发展史上一种难能可贵的气象。正是在这样的历史情境之中，真心实意接受马克思主义的任继愈在新哲学世界观的指导下，开始注重运用新的立场、观点和方法，开展中国近代哲学研究和重新认识中古佛教哲学，从而获得了全新的理论认知。通观这一时期任继愈的中国哲学史研究，无疑是在马克思主义指导在

① 郭齐勇主编：《当代中国哲学研究》（1949—2009），中国社会科学出版社，2011年，第45~46页。

中国哲学史研究方向上发生了根本转变、校准研究方法之后自然生成的逻辑使然。

（一）唯物史观下的中国近代哲学研究

社会存在决定社会意识、阶级分析是唯物史观的核心原则，是马克思主义研究现实历史的基本观点和方法，是用来研究社会并总结社会发展普遍规律的历史辩证法。照此原则评述中国哲学史上的哲学思想、哲学体系和哲学学派的发生和发展，给中国哲学史和中国哲学家以客观公允的评价，这是任继愈在中华人民共和国成立初期开始运用唯物辩证法开展中国哲学史研究的理论方法。然而，任继愈接受马克思主义之后开展中国哲学史研究的首选对象并不是自己熟悉的中国古代哲学部分，而是首先聚焦于相对陌生的中国近代哲学。那么，要解释清楚他为什么选择研究这个领域，恐怕我们还是要回到历史的场景中，回到马克思主义哲学理论内部去寻找依据。毕竟，唯物史观和阶级分析法是中华民族在惨烈的民族奋争（反帝）和中国革命激烈的阶级斗争（反封、反官僚资本）实践中穷尽一切办法之后，不得不做出的选择。因此，笔者认为任继愈选择马建忠、何启和胡礼垣的思想作为其研究的对象，其目的正是在于认识“中国近代的革命问题”这个关系到中国近代哲学发展的核心命题，进而总结出“中国近代思想的发展规律”[1]。

第一，认识马建忠的思想。在唯物史观下考察马建忠的思想，

---

[1] 石峻、任继愈、朱伯崑编：《中国近代思想史讲授提纲》，人民出版社，1955年，第9~11页。

任继愈的立足点在于梳理马建忠生平履历和依据其相关著述，辩证地认识其思想贡献及其不足。任继愈把马建忠“讲富者以护商会为本，求强者以得民心为要”“护商会而赋税可加，则盖藏自足。得民心则忠爱倍切，而敌忾可期”的富商之道与洋务派意图发展官僚资本的“富强之道”给予区分。认为马建忠是从“洋务派中分化出来的改良主义者”，是“早期的改良主义”思想家代表，而他的思想比较集中地反映了中国早期的“民营工商业者”的要求[①]。

对于马建忠在《适可斋记言记行》一书中对列强侵略所表达的抗议之言：（1）“英人二百年来专假互助以吞噬人之土地，……而犹自称秉理之民，守义之邦。噫！是直如欧人谓英王君相唯利是图，妄谈公德。其心则长蛇也，其口则羔羊也。”（《适可斋记言记行·记言·勘旅顺记》，1881年）（2）“今日之中国其见欺于外人也甚矣。道光季年以来，彼与我所立约款税则，则以向欺东方诸国者转而欺我。于是其公使傲睨于京师，以凌我政府；其领事强梁于口岸，以抗我官长；其大小商贾盘踞于租界，以剥我工商；其诸色教士散布于腹地，以惑我子民。夫彼之所以悍然不顾，敢于为此者，欺我不知其情伪，不知其虚实也。”（《适可斋记言记行·记言·拟设翻译书院议》，1894年）（3）“泰西之讲公法者，发议盈廷，非说理之不明，实所利之各异……于是办交涉者，不过借口于公法以曲徇其私。”（《巴黎复友人书》，1878年），任继愈认为这反映出了马建忠的爱国思想，但又指出马建忠只是看到“上层士

---

① 任继愈：《任继愈文集·马建忠的思想》（第2卷），国家图书馆出版社，2014年，第545页。

大夫个人的爱国作用”，而没有看到列强之所以敢肆行侵略主要是“人民的力量没有发动起来”，没有认识到“中国反抗侵略应当走什么道路”[①]。

对于马建忠主张通商贸易以“强国”“致富”的思想主张，“通商而出口货溢于进口者利，通商而出口货等于进口者亦利，通商而进口货溢于出口者不利。彼英美各国皆通商，而进出口货不能两盈，故开矿以取天地自然之利，以补进出口货之亏；至地利不足偿，乃不惮远涉重洋，叩关约款以取偿于我华民。然则天下之大计可知矣，欲中国之富，莫若使出口货多，进口货少。出口货多，则已散之财可复聚；进口货少，则未散之财不复散。其或散而未易聚也，莫若采取矿山自有之财。采取矿山自有之财，则工役之散不出中国，宝藏之聚无待外求。”（《富民说》）任继愈认为这反映出了马建忠的富民思想，但又指出在洋务派“借洋债以自肥、中饱，而不在于发展民营企业”的状况下，其富民思想具有空想和不切实际的一面[②]。

对于马建忠所认识的西方资本主义民主制度，“近今百年，西人之富，不专在机器之创兴，而其要领专在保护商会。……忠此次来欧一载有余，初到之时，以为欧洲各国富强专在制造之精，兵纪之严，及按其律例，考其文事，而知其讲富者以保商会为本，

---

① 任继愈：《任继愈文集·马建忠的思想》（第2卷），国家图书馆出版社，2014年，第547页。

② 任继愈：《任继愈文集·马建忠的思想》（第2卷），国家图书馆出版社，2014年，第551页。

求强者以得民心为要。护商会而赋税可加，则盖藏自足；得民心则忠爱倍切，而敌忾可期。他如学校建而智士日多，议院立而下情可达。其制造、军旅、水师诸大端，皆其末焉者也。于是以为各国之政尽善尽美矣。及入政治院听讲，又与其士大夫反复质证，而后知‘尽信书则不如无书’之论为不谬也。”（《上李伯相言出洋工课书》）任继愈认为马建忠在这方面掌握的知识比洋务派“丰富的多”，但因其“还在依赖洋务派”，还极软弱，故而“不敢也不能提出政权的要求”，只能对洋务派的主张做些“补充修正”[①]。

正是基于这几点的考察和分析，任继愈把马建忠思想的特质概括为“从洋务派到改良主义的转化”，认识到早期的改良主义者（民营工商业者）与洋务派（官僚买办阶级）分属不同的阶级，其利益是有矛盾的，尽管他们“只能依附于当时的官僚统治集团”而不敢提出“民权”的要求[②]。然而“早期的改良主义”一旦从洋务派中孵化出来的，终究要与之分道扬镳，终将成为争取民族“独立的一股力量”[③]。

第二，认识何启和胡礼垣的思想。在唯物史观下认识何启和胡礼垣的思想，任继愈首先梳理了他们身处海外艰难求生，但仍勠力国事的爱国人生。概述了他们的事业所遭受着外国资本主义和国

① 任继愈：《任继愈文集·马建忠的思想》（第2卷），国家图书馆出版社，2014年，第552页。

② 同上。

③ 任继愈：《任继愈文集·马建忠的思想》（第2卷），国家图书馆出版社，2014年，第553页。

内洋务派双重压迫的境遇。华商在外“受亏，鲜能借中国之官伸理者”、出洋之民“初则见拒于美国，继则并拒于新山，而檀香山等处亦已效尤，地球虽大，华人之怀远志者将置身无所矣。其有执照入境者，则必重抽身税。堂堂中华，其民竟欲比茸发重唇之族而不可得也”（《教忠篇辩》）；在国内“一货六税，天下罕见”“以官为名，以民为货”“良民何不幸而为中国之民哉”（《曾论书后》），进而指出何启、胡礼垣作为“由海外华商转化来的民族资产阶级”的代表，其提出的改良主义思想反映了当时民族资产阶级的要求[①]。

任继愈把何启和胡礼垣看作“改良主义”，辩证地对其思想做了评估。一方面，肯定他们比早期改良主义更进一步地提出“民权”思想，反映了民族资产阶级的要求，进而肯定了他们批判洋务派，主张改良主义的经济思想；肯定了他们提出“天下唯民是主”的改良主义民主政治思想；肯定了他们提出“人各得其私”的资产阶级个人主义思想，以对抗“三纲”和“宗经”的思想；肯定了他们对帝国主义的认识，对列强侵略本质的揭露。另一方面也指出其局限性，认为他们的“买办性决定了他们对外国的妥协态度”，又因为阶级力量的薄弱“不可能有彻底的反封建的思想”。但总体而言，任继愈仍是站在符合“中国广大人民反帝、反封建革命运动”的立场上，认同何启和胡礼垣的改良主义思想的“进步意义”，肯定了他们的历史功绩，认为他们宣扬“西方资产

① 任继愈：《任继愈文集·何启、胡礼垣的改良主义思想》（第2卷），国家图书馆出版社，2014年，第555页。

阶级的政治制度，揭发封建制度的腐朽情况，暴露了洋务派的反动面目，反对顽固保守的封建思想，提倡向西方学习，这些思想客观上对戊戌维新运动起了配合的作用，对后来的辛亥革命也起到一定的帮助作用”[①]。

概而言之，马建忠、何启和胡礼垣都可谓在中国近代哲学史上的高学大才。虽然他们是蕴椟古今、学贯中西和引领近代思想风潮的先驱者，但人生命运却充满悲剧[②]。为了探究造成悲剧的根源，任继愈运用唯物史观，通过对马建忠、何启和胡礼垣思想的研究，辩证地认识了近代“改良主义思想”的贡献和不足，认清了民族资产阶级产生的特殊性和软弱性，认清了近代资产阶级不能够担负起挽救民族危机和扫荡封建主义的双重任务，认清了中国近代是“人民大众反帝反封建”的革命性，认清了马克思主义哲学在中国成长壮大乃至最后取得胜利的历史正当性和必然性。这也就是说，在唯物史观下的中国近代哲学研究是完整把握任继愈在中华人民共和国成立初期中国哲学史研究不可跳脱的环节，而获得的这些新认识不仅仅是任继愈运用马克思主义指导其中国哲学史研究后生成的第一批理论成果，更是滋养其持续运用新哲学观以重新思考中国哲学史研究方法的精神资源。那么接下来，任继愈的中国哲学史研究又重新回到自己最熟悉的中国古代佛教研究，而视域则是全

---

① 任继愈：《任继愈文集·何启、胡礼垣的改良主义思想》（第2卷），国家图书馆出版社，2014年，第554~557页。

② 以马建忠为例，时人对马建忠的评说是“称之者一，谤之者百”，甚至有人主张对其“立正典刑”。

新的了。正如任继愈在20世纪80年代总结自己研究佛教的经历所言："我研究佛学，虽然也有几十年的经历，但采用科学方法，做出比较符合实际的结论，还得靠历史唯物主义，有了历史唯物主义这个武器才不致掉进浩如烟海的资料中迷失方向。研究佛学虽说有几十年之久，但真正用科学方法对佛学进行研究，那是全国解放，学习了马列主义以后的事。"[①]自从接受马克思主义之后，马克思主义的宗教观就深深地影响着任继愈在中国哲学史研究领域之内的佛教哲学部分。

（二）马克思主义宗教观下的佛教哲学研究

中国古代佛教哲学是任继愈早年中国哲学史研究最先触及的领域，在其开始自觉而有目的地研究中国哲学史之初，就认识到"不研究佛学就不能前进"[②]。故而，在他看来，研究佛教哲学思想就是研究中国哲学史，佛教哲学是构成中国哲学史研究的有机组成部分。

马克思的宗教观是唯物史观的重要内容之一，它是总结了欧洲的启蒙传统和德国宗教改革经验的科学认识，客观地解释了在阶级社会的历史环境中宗教的起源和性质，把宗教从抽象的神学和哲学

---

① 任继愈：《任继愈文集·我是怎么研究起佛学的》（第7卷），国家图书馆出版社，2014年，第478页。

② 同上。

论证拉回到了人的现实社会生活之中[①]。后来，列宁把这些理论成果视之为“马克思主义在宗教问题上的全部世界观的基石”。马克思、列宁在理论上对宗教的批判已然完成，而马克思主义的宗教观之于任继愈的佛教研究而言则是批判的开始，是其重新审视佛教哲学的重要理论工具。因此，由之产生的佛教哲学认知，就构成了中华人民共和国成立初期任继愈中国哲学史研究的重要组成部分。

在接受马克思主义的宗教观之后，任继愈对佛教哲学的认知就发生了显著变化。具体言之，有以下三个方面：

第一，以马克思主义宗教观纠正自己以往佛教研究上的缺失。当任继愈开始以马克思主义宗教观审视自己过往的佛教史研究时，有一种“惶悚”之感，而这种感觉正是当时其对自己佛教研究察其不足之后心态的真实反映。也是在这种思想震动的直接影响之下，他负责任地对自己以前佛教哲学研究上的不足和缺点做出了公开声明：首先，以往的佛教史研究没有顾及“佛教思想的发展和它当时

① 马克思：《〈黑格尔法哲学批判〉导言》，《马克思恩格斯文集》（第1卷），人民出版社，2009年，第3页。“反宗教的批判的根据是：人创造了宗教，而不是宗教创造人。就是说，宗教是还没有获得自身或已经再度丧失自身的人的自我意识和自我感觉。但是，人不是抽象的蛰居于世界之外的存在物。人就是人的世界，就是国家，社会。这个国家、这个社会产生了宗教，一种颠倒的世界意识，因为它们就是颠倒的世界。宗教是这个世界的总理论，是它的包罗万象的纲要，它的具有通俗形式的逻辑，它的唯灵论的荣誉问题，它的狂热，它的道德约束，它的庄严补充，它借以求得慰藉和辩护的总根据。宗教是人的本质在幻想中的实现，因为人的本质不具有真正的现实性。因此，反宗教的斗争间接地就是反对以宗教为精神抚慰的那个世界的斗争。”

社会历史条件”的关系[①]；其次，以往的佛教研究没有认识到“作为宗教的佛教唯心主义的本质”，未能认识到“佛教在中国文化思想领域中所起的”消极作用[②]；最后，以往的佛教研究夸大了佛教僧侣的个人作用，忽视了“当时历史发展的全部过程对佛教的发展的决定性的制约”[③]。事实上，这些声明不仅仅反映出当时任继愈在佛教研究思想上的修正，更是向世人昭示了其在马克思主义宗教观下开展佛教哲学研究这一方向上的转折。

第二，对“般若”“涅槃”学说的研究。任继愈以马克思主义宗教观的视角考察佛教“般若”“涅槃”学说，指出“在阶级社会里每一时代的宗教在实际上都是为它当时的统治阶级服务的。剥削者与被剥削者、压迫者与被压迫者尽量‘平等地’站在‘佛’（或‘上帝’）的面前，而‘佛’（或‘上帝’）对他们的待遇却是不平等的。这种观念上的‘平等’正是为了加强巩固现实社会的不平等”[④]。此外，为了进一步阐述“般若”“涅槃”学说在南朝晋宋时期所发挥的政治效用，任继愈又从四个方面分析这种佛教宗教哲学得以产生的社会根源。首先，以历史事实为据，指出佛教在南朝得以迅速发展的原因。任继愈认为，西晋覆亡之后北方民众之所以

---

① 任继愈：《任继愈文集·〈汉魏两晋南北朝佛教史〉重印后记》（第7卷），国家图书馆出版社，2014年，第515页。

② 任继愈：《任继愈文集·〈汉魏两晋南北朝佛教史〉重印后记》（第7卷），国家图书馆出版社，2014年，第516页。

③ 同上。

④ 任继愈：《任继愈文集·南朝晋宋间佛教“般若”“涅槃”学说的政治作用》（第7卷），国家图书馆出版社，2014年，第43页。

大规模信仰佛教，在于异族为方便统治压迫人民而提倡所致（如后赵石勒政权认为“佛是戎神，正所应奉”）。而后又从东晋开始，佛教思想先后与玄学、儒家的纲常伦理思想相结合，在前后经历三个发展阶段而逐步控制人民的精神世界，并最终扩大影响至社会以致滋蔓成为主流意识[①]；其次，指出佛教得以发展的物质和思想条件。任继愈认为，佛教在政治经济上信赖国家政权，主要是通过仿照门阀地主的剥削方式，以寺院经济为依托极尽盘剥之能事，而佛教得以发展的思想前提则是依附儒家哲学与伦理

---

① 任继愈：《任继愈文集·南朝晋宋间佛教“般若”“涅槃”学说的政治作用》（第7卷），国家图书馆出版社，2014年，第46页。“当东晋时，正统的儒家封建伦理思想，是通过玄学的方式表现出来的。所以佛教思想与玄学思想的互相结合，正是说明佛教的宗教思想与儒家的封建伦理思想的结合。这是东晋佛教滋长蔓延的第一阶段。晋、宋以来南朝的豪门士族经过几代的剥削的积累，他们在经济、政治以及其他方面拥有极强大的力量。他们更进一步封固山泽，强行土地兼并，门阀制度日益强化，阶级压迫更加严重。这时人们不免要追问：阶级有高下，门第有贵贱，人性是否也有高下贵贱？门第贵贱，既然是命定，圣贤才智是否也出于天生？这些问题虽是先秦两汉以来的旧问题，人们早已怀疑过善人何以有夭贫，恶人何以有长寿的道理。但在南朝阶级对立趋向两极化的情况下，富者、贵者几乎已不可能贫贱，贫者、贱者也几乎不可能富贵。这一问题的提出，就特别有它的现实意义。而这时《涅槃经》已开始流传，从佛教的立场，来解释这一问题，是封建地主阶级所最需要的，也是‘及时’的。因此，‘涅槃佛性’的问题，成为晋、宋时代佛教的宗教哲学的中心问题。于是，由‘般若’学转到‘涅槃’学，这一转变，是佛教滋长蔓延的第二阶段。齐、梁时代，南朝的封建统治阶级更加腐化、堕落。梁武帝曾宣布佛教为‘国教’，使儒家的社会伦理观点与佛教的迷信思想密切结合。这一时期佛教的宗教哲学更进一步加深了神秘主义与反理性主义的内容。这是南朝佛教发展的第三阶段。”

观念，依靠王权的支持甘心成为“统治阶级使用的工具”，从而形成南朝佛教“不依国主则法事难立”的独有特征[①]；再次，指出佛教“般若”思想建立和传承发展的脉络。任继愈认为，佛教“般若”学说是在玄学“本末”“有无”之辩思潮盛行基础之下发展起来，并延续发扬了玄学理论，采取以退为进的策略，“用退出政治来参加政治”的方式“忠诚地为世间的封建统治阶级服务”，从般若空宗三派的“本无”宗、“即色”宗、“心无”宗，再到僧肇的“物不迁论”和“不真空论”，都是以慈悲众生的面目和姿态鼓动人们避开和脱离“现实斗争”的战场，而陷溺于“向精神世界”寻求解脱的境地[②]；最后，指出“涅槃”佛性学说的虚假和伪善。任继愈指出，儒家的伦理纲常观念教化人民以死尽忠和效忠，使“贫而无怨”“富而不骄”，对于“不平等的社会问题”难以回答，只能说些“求仁而得仁”“不怨天、不尤人”消极安慰的空话，而在当时南朝门阀士庶门第界限异常僵化森严的社会现实之中，人们不仅物质上“由贫贱到富贵”不能改变，而且精神上也被规定了“圣人”不可学。此时的佛教正是假借儒教的僵化，以“人人都有佛性”的涅槃佛性诱导痛苦的人们相信彼岸世界的“公道”，引导人们走上忍耐并等待着的“解脱苦难”

① 南朝的佛教，不同于欧洲中古时期具有绝对权力并能支配政治的基督教，不同于东汉以及魏晋时期附属在道术之下的佛教，不同于北朝注重修行坐禅的佛教，不同于后来隋唐时期封建宗法制度化的法嗣相传学说世袭的佛教。

② 任继愈：《任继愈文集·南朝晋宋间佛教“般若”“涅槃”学说的政治作用》（第7卷），国家图书馆出版社，2014年，第55页。

道路[①]，廉价地向人们预售走向极乐世界的通行证。

第三，对禅宗哲学思想的研究。对于禅宗这个中国佛教史上所特有的佛教宗派[②]，任继愈也是从唯物史观的视角重新认识禅宗哲学认识论在中国哲学史上所起到的作用。他把中国禅宗从菩提达摩——慧可——僧粲——道信——弘忍五代法裔相传的这个过程称为“早期禅宗的建立”，认为“菩提达摩和他的门徒”是“禅宗的预备阶段”或“禅宗的先驱”，[③]把惠能及以后的“五宗”，视为“禅宗的正式建立”。而任继愈之所以对禅宗发展史做出这样的划分，其根据则是建立于对禅宗哲学认识论在这两个阶段的辩证分析

① 任继愈：《任继愈文集·南朝晋宋间佛教“般若”“涅槃”学说的政治作用》（第7卷），国家图书馆出版社，2014年，第59页。“佛教提出，用忍受苦难和忍受侮辱的不抵抗主义的方法，可以‘成佛’（‘安忍波罗蜜多’）；用极度降低物质生活水平的方法，可以‘成佛’（‘净戒波罗蜜多’）；用捐助大量财产给寺院的方法，可以‘成佛’（‘布施波罗蜜多’）；此外还有所谓‘精进波罗蜜多’‘静虑波罗蜜多’‘般若波罗蜜多’等方法。他们所提出的六种方法都是对佛教或僧人有利的，基本目的在于从思想上摧毁人们反抗压迫、不满现实的意志，企图使人民在希望‘成佛’的幻想前面，在‘天国’的门前受尽一切敲骨吸髓的剥削，使他们变成温驯的，毫无‘危害性’的忠实的奴隶。”

② 任继愈对“佛教宗派”和“佛教学派”进行了区分。“佛教学派”是指在南北朝时期以翻译讲授佛教经、论，有师承、家法而存在的形态，诸如“三论宗”“地论宗”“摄论宗”“成实宗”等。而“佛教宗派”是指隋唐之后模仿世俗地主阶级的宗法制度，把师徒之间的学术继承关系看作父子继承的关系，并仿照宗法制度的方式建立自己的传法的法统，制定自己的谱系，即所谓“法裔”“法嗣”衣钵相传的制度。诸如隋唐时期对中国哲学影响较大的天台宗、华严宗、禅宗等。

③ 任继愈：《任继愈文集·禅宗哲学思想略论》（第7卷），国家图书馆出版社，2014年，第205页。

上：（1）任继愈认为，菩提达摩[①]“理入”[②]与“行入”的方法，一方面是以“禅定形式”进行思想意识训练的宗教修养方法。“理入”是教人“从认识上脱离现实世界（舍伪），追求所谓超现实的真如世界（归真）。不但否认个人存在的真实性（无自），还要否认客观世界的真实性（无他），否认人类道德、社会存在的真实性”[③]。而“行入”的禅定修养方法，即“报怨行”是劝服人们放弃一切外来压迫的企图，养成忍受奴役的性格、“随缘行”是劝服人们放弃对外在是非善恶的分别，不计痛苦和快乐，把一切幸运和不幸都看作命运早已决定的、“无所求行”是教化人们放弃改善当前生活的任何要求和愿望、“称法行”是教育人们要按照佛法的基本教义去行动[④]。另一方面，任继愈认为菩提达摩禅学具有把复杂繁难的印度禅学转变为简便易行宗教修养方法的特点，其哲学认识论上的贡献在于“指出认识的局限性”[⑤]。（2）任继愈认为惠能的“觉悟”成佛，一方面依靠的是主观上“坚定的主观信仰”，其“不坐禅”“不念经”的禅学表面上废除了“禅定的修行方式”，

① “理入”即“壁观”，传说菩提达摩面壁九年，把面壁静坐叫作“壁观”，意蕴在于使心如壁立，不偏不倚。

② 任继愈：《任继愈文集·禅宗哲学思想略论》（第7卷），国家图书馆出版社，2014年，第202页。

③ 任继愈：《任继愈文集·禅宗哲学思想略论》（第7卷），国家图书馆出版社，2014年，第203页。

④ 任继愈：《任继愈文集·禅宗哲学思想略论》（第7卷），国家图书馆出版社，2014年，第205页。

⑤ 同上。

实质上却扩大了“禅定的修行范围”，禅定目的在于“通过禅定的方法，达到否定客观世界真实性的目的”，从而教人放弃对现实社会的抗争[①]。而惠能之后的禅宗更是不把“坐禅”当作必要的宗教修炼之法，只是把宣传“主观唯心主义的认识论”作为主要的宗教修养方法，通过认识论的途径以确立禅宗的“宗教唯心主义世界观”，最终实现了禅宗的“修养方法、认识论”和宗教唯心主义世界观的有机统一[②]，是“‘把俗人变成僧侣’，把佛性灌输到人的内心，‘给人的心灵套上了锁链’”[③]。另一方面，任继愈又指出禅宗在中国哲学史上引起了对认识论问题的重视，“虽然它走的方向错

① “时有风吹幡动。一僧曰风动，一僧曰幡动，议论不已。惠能进曰：不是风动，不是幡动，仁者心动。”(《大正藏》卷四十八《坛经》顿渐第八)；“马祖道一，师（怀让）之弟子也。初居南岳传法院，独处一庵，唯习坐禅，凡有来访者都不顾。师往，彼亦不顾。师观其神宇有异，遂忆六祖谶，乃多方而诱导之。一日，将砖于庵前磨。马祖亦不顾。时既久，乃问曰：‘作什么？’师云：‘磨作镜。’马祖云：‘磨砖岂得成镜？’师云：‘磨砖既不成镜，坐禅岂能成佛？’祖乃离座云：‘如何即是？’师云：‘譬牛驾车，车若不行，打牛即是，打车即是？’又云：‘汝学坐禅？为学坐佛？若学坐禅，禅非坐卧，佛非定相。于无住法，不应取舍。汝若坐佛，即是杀佛。若执坐相，非达其理。”(《景德传灯录》卷六，《古尊宿语录》卷一）转自《任继愈文集·禅宗哲学思想略论》(第7卷)，国家图书馆出版社，2014年，第215~216页。

② 同上。

③ 任继愈：《任继愈文集·禅宗哲学思想略论》(第7卷)，国家图书馆出版社，2014年，第225页。“把俗人变成僧侣”“给人的心灵套上了锁链”这些话语来自《〈黑格尔法哲学批判〉导言》(马克思)：“他破除了对权威的信仰，却恢复了信仰的权威。他把僧侣变成了俗人，但又把俗人变成了僧侣。他把人从外在宗教解放出来，但又把宗教变成了人的内在世界。他把肉体从锁链中解放出来，但又给人的心灵套上了锁链。”

了。它构成了认识论上不可缺少的一个环节。它起着反面教员的作用，它把认识论引向深刻化的道路”[①]。

我们知道，马克思主义的宗教观与宗教的世界观是根本对立的，而任继愈以唯物辩证法研究中国佛教哲学思想，使他找到了重新认识中国佛教哲学问题的正确方向。他认为佛教属于“唯心主义宗教体系”，它通过唯心主义的理论论证，把人们引进信仰主义的歧途，但它的逻辑分析、心理分析相当精致，辩证法思想也相当丰富，值得重视；他认为中国佛教是“中国哲学史中古时期的主要思潮”，搞不清中国佛教哲学，“中国哲学史中间（魏、晋、南北朝、隋、唐）近八百年的思想”也会讲不清楚，对“宋、明理学”的直接影响也讲不清楚；他认为要树立唯物主义、无神论的世界观是必须研究“作为它的对立面的佛教哲学思想”。正如所言，也是基于这种对佛教哲学思想研究的新认识，任继愈更加自觉地意识到唯物辩证法对于开展中国哲学史研究的理论价值。那么，接下来运用唯物辩证法来重新认识先秦诸子的哲学思想成为其中国哲学史研究和讨论的重点，并由此引发出了如何正确认识日丹诺夫哲学史定义的问题。

---

① 任继愈：《任继愈文集·禅宗哲学思想略论》(第7卷)，国家图书馆出版社，2014年，第226页。

三、唯物辩证法与教条主义的碰撞

众所周知，先秦哲学历来是中国哲学史研究的热点和难点，其情况比较复杂，诸如先秦诸子的断代、学派传承、典籍定本等一系列问题。那么，任继愈对先秦哲学的研究主要集中在对孙子、墨子、老庄、孟子、韩非等先秦诸子哲学思想的个案研究，而随着任继愈对先秦诸子哲学研究的深入，他逐渐发现日丹诺夫哲学史定义对当时的中国哲学史研究产生的诸多问题，辩证地对待之，选择按照中国哲学发展的历史事实出发，坚持实事求是的原则，坚持正确理解马克思主义，坚持以唯物辩证法为指导开展中国哲学史研究。故而，他在“中国哲学史座谈会”上著文指出日丹诺夫“给哲学史下的定义有不够全面的地方”[①]，从而扬弃苏联日丹诺夫哲学史定义的教条主义，为中国现代哲学的健康发展做了积极有益的贡献。正如陈卫平在谈及任继愈在1957年中国哲学史座谈会上的发言时，称“任继愈在1957年1月召开的‘中国哲学史座谈会’上的发言，可以说是二十多年后突破日丹诺夫哲学史定义的先声”[②]。

---

① 任继愈：《任继愈文集·试论中国哲学史的对象和范围》（第2卷），国家图书馆出版社，2014年，第17页。

② 陈卫平：《突破日丹诺夫教条主义的先声》，《任继愈的为人与为学》（第一辑），国家图书馆出版社，2013年，第70页。

（一）先秦诸子哲学思想的研究

中国哲学源远流长，始于上古，初现于商周，至春秋战国而蔚为大观。先秦时期涌现出一批灿若群星的哲学家，他们承前启后、争鸣辩难，其所探讨的问题以及所呈现而出的精神世界成为中国哲学的活水源头。因此，先秦哲学一直以来都是中国哲学史研究的重点，而诸子之学的研究又是重中之重。事实上，前辈学人对先秦诸子之学的研究既是中国哲学传统的延续和传承，更是中国哲学的更新与创造，而中华人民共和国成立后的最初时期，任继愈的先秦诸子哲学研究也理所当然地融入了新的历史内容，掘扬出了先秦诸子哲学思想中的“辩证法和唯物论”的优良传统，为中华人民共和国成立初期的中国哲学史研究增添了一批新成果。

第一，《孙子兵法》中的辩证法原则。任继愈运用唯物辩证法考察了《孙子兵法》的辩证法因素，认为它是在依据古代战争的条件下总结出来的战争基本原理，它是通过古代战争理论来体现辩证法原则的著作，其运用辩证法的一些基本原则来认识“战争发展规律”，并运用这些原则来驾驭战争发展、把战争引向胜利的方向，其提出的战略思想和原则具有哲学意义，应该在中国哲学史上给予其应有的地位①。

任继愈认为，《孙子兵法》中提出了对战争的“认识要符合客观实际”的原则②。（1）“一曰道，二曰天，三曰地，四曰将，五曰

① 任继愈：《任继愈文集·〈孙子兵法〉中的辩证法因素》（第2卷），国家图书馆出版社，2014年，第425~428页。

② 任继愈：《任继愈文集·〈孙子兵法〉中的辩证法因素》（第2卷），国家图书馆出版社，2014年，第428页。

法。”（《孙子兵法·计篇》）提出了五个取得战争胜利的客观条件。（2）“知彼知己，百战不殆；不知彼而知己，一胜一负；不知彼、不知己，每战必殆。”（《孙子兵法·谋攻篇》）提出了解决战争中敌我双方对立矛盾比较全面的观点。（3）“故不知诸侯之谋者，不能豫交；不知山林险阻、沮泽之形者，不能行军；不用向导者，不能得地利。”（《孙子兵法·军争篇》）提出了具体分析矛盾双方的具体情况的观点。（4）“知吾卒之可以击，而不知敌之不可击，胜之半也；知敌之可击，而不知吾卒之不可以击，胜之半也；知敌之可击，知吾卒之可以击，而不知地形之不可以战，胜之半也。故知兵者，动而不迷，举而不穷。故曰：知己知彼，胜乃不殆；知地知天，胜乃可全。”（《孙子兵法·地形篇》）提出了战争只能服从矛盾对立规律的观点[①]。

任继愈认为《孙子兵法》中存在着“强与弱的互相转变”的根本原则[②]。（1）“吾所与战之地不可知。不可知，则敌所备者多。敌所备者多，则吾所与战者寡矣”，“故形人而我无形，则我专而敌分。我专为一，敌分为十，是以十共其一也，则我众而敌寡。能以众击寡者，则吾之所与战者约矣。”（《孙子兵法·虚实篇》）（2）“用兵之法，十则围之，五则攻之，倍则分之，敌能则战之，少则能逃之，不若则能避之。”（《孙子兵法·谋攻篇》）这二则

① 任继愈：《任继愈文集·〈孙子兵法〉中的辩证法因素》（第2卷），国家图书馆出版社，2014年，第428~429页。

② 任继愈：《任继愈文集·〈孙子兵法〉中的辩证法因素》（第2卷），国家图书馆出版社，2014年，第430页。

文献提出了利用“量的对比关系”争取战争主动，达到以众击寡、强弱转变的原则[①]。

任继愈认为《孙子兵法》提出了为“矛盾对立的转化创造条件”的原则[②]。（1）“昔之善战者，先为不可胜，以待敌之可胜。不可胜在己，可胜在敌。故善战者能为不可胜，不能使敌必可胜。”“故善战者立于不败之地，而不失敌之败也。是故胜兵先胜而后求战，败兵先战而后求胜。”（《孙子兵法·形篇》）（2）“故善战者，致人而不致于人。……攻而必取者，攻其所不守也；守而必固者，守其所必攻也。”（《孙子兵法·虚实篇》）这两则材料提出了为战争形势的转化创造条件的原则[③]。

任继愈认为《孙子兵法》一定程度地认识到“普遍原则必须与具体情况相结合”的原则[④]。（1）“凡战者，以正合，以奇胜。故善出奇者，无穷如天地，不竭如江河。终而复始，日月是也。死而更生，四时是也。声不过五，五声之变不可胜听也；色不过五，五色之变不可胜观也，味不过五，五味之变不可胜尝也；战势不过奇正，奇正之变不可胜穷也。”（《孙子兵法·势篇》）（2）“夫兵形象水，水之形避高而趋下；兵之形避实而击虚。水

---

① 任继愈：《任继愈文集·〈孙子兵法〉中的辩证法因素》（第2卷），国家图书馆出版社，2014年，第430~431页。

② 任继愈：《任继愈文集·〈孙子兵法〉中的辩证法因素》（第2卷），国家图书馆出版社，2014年，第431页。

③ 任继愈：《任继愈文集·〈孙子兵法〉中的辩证法因素》（第2卷），国家图书馆出版社，2014年，第432页。

④ 同上。

因地而制流，兵因敌而制胜。故兵无常势，水无常形。能因敌变化而取胜者，谓之神。”（《孙子兵法·虚实篇》）体现了辩证法普遍与具体相结合的原则，体现了根据具体条件发挥原则与灵活性的见解[①]。

第二，老庄哲学思想的研究。任继愈站在“唯物论者反对宗教”的视角上看待老庄哲学，认为老子哲学具有“素朴唯物主义与自发的辩证法”思想[②]；而庄子继承并发展了老子思想中的“唯物主义世界观”和“辩证法因素”，针对“宗教迷信所宣扬的上帝安排一切的谬说”提出了从“自然界本身中找寻解答”的思想[③]。

1. 老子的“素朴唯物主义”思想

任继愈认为：（1）“有物混成，先天地生。寂兮寥兮！独立而不改，周行而不殆。可以为天下母。吾不知其名，字之曰道，强为之名曰大。”（《老子·第二十五章》）这里所讲的“道”是“物质性的最先存在的实体”，虽然“这个存在”是肉眼无法看到的，却无始无终、又离开人的意识而自己在“循环运动着”，它是一切有名称之物“产生的根源”，是“物质世界的始基”“无所不包”，因此不知道怎么称之，给它起个名叫作“道”，或者勉强称之“大”[④]。（2）“无状之状，无物之象。”（《老子·第十四

① 任继愈：《任继愈文集·〈孙子兵法〉中的辩证法因素》（第2卷），国家图书馆出版社，2014年，第432~433页。

② 任继愈：《老子今译》，古籍出版社，1956年，第85页。

③ 任继愈：《任继愈文集·庄子》（第4卷），国家图书馆出版社，2014年，第243页。

④ 任继愈：《老子今译》，古籍出版社，1956年，第74页。

章》）“其中有精，其精甚真，其中有信”是《老子·第二十一章》所讲的“道”，虽然不能指出其具体形状，却是确有其物的“根本的物质存在”[①]。（3）“道冲，而用之或不盈，渊兮似万物之宗……象帝之先。”（《老子·第四章》）所讲的“道”，虽然“空虚不可见，不可闻，不可能直接感到”，却是无所不在、其用无穷的“万物的根源”，是“象帝之先”的[②]。（4）“大道泛兮，其可左右”（《老子·第四章》）、“迎之不见其首，随之不见其后”（《老子·十四章》）、“玄牝……天地根。绵绵若存，用之不勤。”（《老子·第六章》）这里所讲的“道”是无所不在的“物质的客观存在”，它无始无终，却又是“万物的根源”，万物“取之不尽，用之不竭”的“物质实体”[③]。

2. 老子的“自发的辩证法”思想

任继愈认为，老子的“自发的辩证法”思想初步意识到了“物质世界变化的规律”[④]。（1）“有无相生，难易相成，长短相形，高下相倾，音声相和，前后相随。”（《老子·第二章》）“虚而不屈，动而愈出。”（《老子·第五章》）“福兮祸之所伏，祸兮福之所倚……正复为奇，善复为妖。”（《老子·第五十八章》）这几章表明“事物在矛盾中统一”，且“对立面并不是漠不相关的并存”而处

① 任继愈：《老子今译》，古籍出版社，1956年，第74~75页。

② 任继愈：《老子今译》，古籍出版社，1956年，第75页。

③ 同上。

④ 任继愈：《老子今译》，古籍出版社，1956年，第76页。

在“内在的矛盾之中”。[①]（2）“合抱之木，生于毫末；九层之台，起于累土；千里之行，始于足下。”（《老子·第六十四章》）“圣人去甚，去奢，去泰。”（《老子·第二十九章》）“人之生也柔弱，其死也坚强……坚强者死之徒，柔弱者生之徒。”（《老子·第七十六章》）表明老子看出了“道”的变化因“量的积累可以引起质的变化”，事物发展到“甚”“奢”“泰”之时，就要引起“性质相反的结果”，“道”的变化往往朝着“相反的方向进行”，从“当前所处的情况过渡到相反的情况”[②]。

第三，墨子哲学思想的研究。任继愈运用唯物辩证法开展墨子哲学思想研究获得的新认识，体现在其1956年的《墨子》一书中。在该书的第一章和第二章，任继愈运用唯物史观对墨子的生平、著作、墨家学派、墨学产生的社会历史条件及其阶级性方面，进行了考证和梳理，比较全面地探究了墨子和墨家学派。而在该书的第三至第七章部分，任继愈则运用辩证法适当地分析了墨子哲学思想，既肯定它有“光辉灿烂的一面”，同时又指出其哲学世界观上存在着唯心主义这个“严重缺点的一面”[③]。具体言之：（1）任继愈指出“非攻和兼爱”的思想体现了墨子“反对侵略战争的伟大理想”，但由于墨子把“兼爱”学说作为反对战争的理论基础，故而没有能够找寻到“侵略战争和互相争夺的社会

① 任继愈：《老子今译》，古籍出版社，1956年，第76页。

② 任继愈：《老子今译》，古籍出版社，1956年，第76~77页。

③ 任继愈：《墨子》，上海人民出版社，1956年，第28页。

根源”[1]，为孟子攻击“兼爱”学说留下了薄弱的环节。（2）任继愈指出“非乐、非命、节用、节葬”的主张体现了墨子对“王公大人的腐朽享乐生活的抗议”，具有一定的进步意义，但也存在着“局限性”和“唯心主义的观点”[2]。（3）任继愈指出“尚贤、尚同”的主张体现的是墨子争取“小私有者的社会地位”的纲领，客观上起着对反对和瓦解世袭贵族特权及其宗法制度的进步意义，但其“上说下教”极力自苦以求任用的策略，却为后来法家的走向“官僚政治的道路”准备了思想条件，并做出了示范[3]。（4）任继愈指出，“天志、明鬼”的学说集中体现了墨子的宗教思想，是墨子思想中“不可克服的唯心主义世界观的致命弱点”[4]。（5）任继愈指出，墨子提出的“三表法”具有“唯物主义观点的思想方法”，其缺点则是由于其唯心主义哲学世界观的限制而妨碍了自身认识论的发展。

---

① 任继愈：《墨子》，上海人民出版社，1956年，第33~47页。“非乐”对反对贵族的享乐有进步意义，但彻底否定和废除“乐”的价值，为荀子指摘“墨子蔽于用而不知文”(《荀子·解蔽》）留下了口实；“非命”对反对儒家“生死有命，富贵在天”的命定论有进步意义，但其混同世卿贵族和劳动者的利害冲突，没有能够像老子那样认清“民之饥，以其上食税之多，是以饥”的本质；“节用、节葬”对反对繁文缛节、耗费资财的冠服、宫室、舟车、丧葬等仪式有进步价值，但其模糊等级制度的缺陷而寄希望于统治者自我改变落入空想，为别人攻击其思想“爱有差等”、不知“贵贱有仪”“无父禽兽”留下了借口。

② 任继愈：《墨子》，上海人民出版社，1956年，第48~52页。

③ 任继愈：《墨子》，上海人民出版社，1956年，第59~63页。

④ 任继愈：《墨子》，上海人民出版社，1956年，第67页。

第四，孟子哲学思想的研究。任继愈运用唯物辩证法开展孟子哲学思想研究，立足点在于孟子的身世和师承、孟子所处的时代和反映其思想的著作、孟子“贵王贱霸”的政治主张、孟子“劳心和劳力”的观点、孟子“性善”说。

通过对孟子身世、师承学术传授、孟子所处的时代及著作的考察，任继愈认为孟子是鲁国贵族孟孙氏一族后代，在其父亲和祖父之前的若干世代，已失去贵族名号及地位，属于“没落贵族家庭出身”。幼年教育开蒙受其母严格训导，年长受儒学正统训练，师承传授线索清楚。孟子师承子思，子思师承曾子，曾子又是孔子弟子。孟子是孔子第四代再传弟子，自称“孔子学派的继承人”。事实上，孟子对孔子思想不是简单地继承，而是创造发展了孔子学说。孟子身处战国“大争”之世，所倡仁政之说被视为迂阔不切实际之言，政治抱负落空之后，退而以讲学著述自存于世。《孟子》一书，主要记载了孟子的政治活动，有关儒学核心问题的问答，以及和其他学派的争辩，生动地反映了战国时期百家争鸣、思想斗争的实况[①]。

任继愈运用唯物史观，辩证地分析了孟子提出“贵王贱霸的政治主张”。他认为：（1）“五亩之宅，树之以桑，五十者可以衣帛矣；鸡豚狗彘之畜，无失其时，七十者可以食肉矣；百亩之田，勿夺其时，数口之家可以无饥矣；谨庠序之教，申之以孝悌之义，颁白者不负戴于道路矣。七十者衣帛食肉，黎民不饥不寒，然而不

① 任继愈：《任继愈文集·孟子》（第4卷），国家图书馆出版社，2014年，第232~234页。

王者，未之有也。”（《孟子·梁惠王上》）（2）“庖有肥肉，厩有肥马，民有饥色，野有饿莩，此率兽而食人也。兽相食，且人恶之。为民父母，行政不免于率兽而食人。”（《孟子·梁惠王上》）（3）“贼仁者谓之贼，贼义者谓之残，残贼之人谓之一夫。闻诛一夫纣矣，未闻弑君也。”（《孟子·梁惠王下》）（4）“君之视臣如手足，则臣视君如腹心；君之视臣如犬马，则臣视君如国人；君之视臣如土芥，则臣视君如寇雠。”（《孟子·离娄下》）这几则文献体现了孟子的王道“仁政”思想，其虽然有助于“减轻人民的痛苦，缓和阶级矛盾”，但对于当时社会发展“定于一”的必然趋势而言，则是不合时宜[①]。

任继愈运用唯物辩证法对孟子“劳心和劳力”的观点，给予了辩证客观的分析。他认为，孟子主张：“劳心者治人，劳力者治于人；治于人者食人，治人者食于人。天下之通义也。”（《孟子·滕文公上》）这一观点一方面矫正了墨家“君臣并耕”无社会分工的观点，具有承认“分工的意义”，而另一方面却又有沦为替“剥削制度辩护”的工作。同时，任继愈也指出，“剥削”和“社会分工”是直到今天才明白的，而依据当时的社会历史条件，“孟子时代的人是没有能力对它加以区别的”[②]。

任继愈运用唯物史观阶级分析的观点，认为孟子的这种“恻

---

① 任继愈：《任继愈文集·孟子》（第4卷），国家图书馆出版社，2014年，第234~237页。

② 任继愈：《任继愈文集·孟子》（第4卷），国家图书馆出版社，2014年，第237~238页。

隐之心”是把君臣、父子的伦理秩序看作是“天经地义”的人之本性，是要把他自己本阶级所要求的“性善”强化为全人类的“人性”。因此，他指出孟子“性善”说存在着严重的“阶级偏见”[①]。

概而言之，运用唯物辩证法分析孟子哲学思想，使任继愈认识到孟子的思想和学说，既存在着“唯心主义的成分和为剥削阶级制度辩护的”内容，也存在着具有积极意义的很多难能可贵的“民主思想”[②]。

第五，韩非子哲学思想的研究。任继愈在评价韩非学说“是唯心的还是唯物的”的问题时，有其明确的主张。他认为，评价一个思想家，特别是古代思想家的时候，绝“不能够简单化”，他们既不可能是彻底的唯物论者，也不可能是彻底的唯心主义者，在这种情况下，就要具体地分析出“具体的区别”[③]。任继愈从韩非哲学思想中“反对鬼神问题”“反对上天决定社会历史”和“反对人类有天赋道德观念”的内容认定其应当属于“唯物主义阵营”[④]。此外，任继愈运用唯物辩证法考察了韩非的社会政治思想，认为韩非的

---

① 任继愈：《任继愈文集·孟子》（第4卷），国家图书馆出版社，2014年，第238~239页。

② 任继愈：《任继愈文集·孟子》（第4卷），国家图书馆出版社，2014年，第240页。

③ 任继愈：《任继愈文集·韩非哲学的性质》（第4卷），国家图书馆出版社，2014年，第230页。

④ 任继愈：《任继愈文集·韩非哲学的性质》（第4卷），国家图书馆出版社，2014年，第230~231页。

“伦理思想，历史观点，具有一定的唯物主义”因素[①]。

综上所述，任继愈的先秦诸子哲学研究，是继运用唯物辩证法开展近代哲学、中古的佛教哲学研究之后，又随之连续性展开的学术活动。尽管他选择把先秦诸子哲学思想作为其中国哲学史研究的具体对象，无非是出于自身拓展中国哲学史研究内容和满足教学实践需要的自觉生成，但借助唯物辩证法审视中国哲学史，使其认识到“中国古代唯物主义思想经常和辩证法思想密切关联”，而这种新认识的获得，又使任继愈更加坚信这种方法论

① 任继愈：《任继愈文集·韩非社会政治思想的几个问题》（第2卷），国家图书馆出版社，2014年，第437页。比如，“君上之于民也，有难则用其死，安平则尽其力”（《韩非子·六反》）；“不恃赏罚而恃自善之民，明主弗贵也”（《韩非子·显学》）；“父母之爱不足以教子，必待州部之严刑者，民固骄于爱，听于威”（《韩非子·五蠹》）；“彼民之所以为我用者，非以吾爱之为我用者也，以吾势之为我用者也”（《韩非子·外储说（右下）》）等文献，反映出韩非明确提出“人君与人民的关系是建立在利害对立的矛盾上”的臣民矛盾关系。“臣尽死力以与君市，君垂爵禄以与臣市。君臣之际，非父子之亲也，计数之所出也”（《韩非子·难一》）；“父母之于子也，产男则相贺，产女则杀之。此具出父母之怀妊，然男子受贺，女子杀之者，虑其后便，计之长利也。故父母之于子也，犹用计算之心以相待也，而况无父子之泽乎！”（《韩非子·六反》）；“为人主而大信其子，则奸臣得乘于子以成其私，故李兑傅赵王而饿主父，为人主而大信其妻，则奸臣得乘于妻以成其私，故优施傅丽姬，杀申生而立奚齐。夫以妻之近与子之亲而犹不可信，则其余无可信者矣。”（《韩非子·备内》）等文献材料，反映出韩非视君（父）臣（子）也是建立在利害关系基础上的矛盾关系。

的正确性[①]。因此，也正是在其初步贯通先秦诸子哲学、中古佛教哲学和近代哲学思想的研究和教学实践所形成的这种认识，与当时的教条主义迎面相撞，从而诱发了任继愈对日丹诺夫哲学史定义教条化的质疑，使任继愈在认识上扬弃日丹诺夫哲学史定义成为可能。

（二）日丹诺夫哲学史定义问题

中华人民共和国成立之后新思想的普及，对中国现代哲学的走向起着主导的作用。当时中国哲学界的学者们对马克思主义理解尚不够准确和深入，基本上是以苏联日丹诺夫哲学定义的是非为是非，把它视为指导哲学史研究的马克思主义原则而加以接受，并努力贯彻于自己的研究工作之中。然而，当中华人民共和国要建立起来自己“科学的哲学史”这个任务切切实实地摆在中国哲学界面前的时候，仅仅按照日丹诺夫哲学史定义来应对和开展这项迫在眉睫的工作，就难免出现教条主义的问题。为改变和解决这一问题，1957年1月由北京大学哲学系主办召开了“中国哲学史座谈会”，这次会议被学界视为中国现代哲学史上打破日丹诺夫哲学史定义垄断地位的“百家争鸣”。

事实上，这次座谈会是中国现代哲学演进进程中极具标志性

---

① 任继愈：《任继愈文集·庄子的唯物主义世界观》（第4卷），国家图书馆出版社，2014年，第273页。

的历史事件[①]。它虽繁盛一时，又瞬间湮灭，却是中华人民共和国成立后三十年间哲学界仅有的一次群贤汇聚，老中青学者积极参与，就建立科学的中国哲学史研究体系彼此对话切磋，畅所欲言，又向全社会广泛辐射的学术会议[②]。概览这次会议，仅1月份会议的参加者就有来自国内高等院校及研究机构的一百多人，涉及中国现代哲学上的著名学者三四十人，有从事中国哲学研究的，也有从事西方哲学和马克思主义哲学研究的。这个哲学家群体以自身的文化担当为历史使命，对哲学史研究和教学中教条主义倾向予以纠偏。在此次座谈会上，任继愈主要围绕中国哲学史的对象和范围、如何评价哲学史上的唯心主义的问题，对日丹诺夫定义质疑。任继愈在此次座谈会上的言论无疑最具典型性，已多有论著谈

---

① 中国哲学史座谈会于1957年1月22日至26日在北京大学举行；同年5月10日至14日又在北京大学举行中国哲学史工作会议，《哲学研究》编辑部在此次会议的综述中说明：这次会议是“本年元月举行的‘中国哲学史座谈会’的继续”。（《关于“中国哲学史工作会议”中讨论的一些问题》，《哲学研究》，1957年，第3期。任继愈在这两次会议上分别提交了《试论中国哲学史的对象和范围》和《在中国哲学史的研究中所遇到的几个困难问题》的文章。

② 1956年5月26日时任中宣部部长的陆定一在中南海怀仁堂向知识界做题为《百花齐放，百家争鸣》的演讲，其导向在于告知当时的知识分子们在“科学研究工作”中要有独立思考的自由，而当时知识界为回应“双百”方针，分别举行了两个全国性的“科学研究工作会议”，一个是讨论关于遗传学的座谈会，另一个则是关于建立“科学的中国哲学史”的座谈会。

及它的重要性[①]。因此，笔者把任继愈在1957年中国哲学史座谈会上的言论纳入他的整个中国哲学史研究历程，认为它是构成任继愈哲学世界观进一步发展的重要环节，不仅对全面认识任继愈中国哲学史研究历程有重要价值，而且对认识任继愈为中国现当代哲学所做出的贡献亦有重要意义。回顾这次会议所讨论的内容，我们可以看到当时从事西方哲学、中国哲学和马克思主义哲学的一些学者虽然都对日丹诺夫哲学史定义上的“教条主义”给予了或多或少的批评。但唯有任继愈的中国哲学史研究，则是通过扬弃日丹诺夫哲学史定义，为当时科学的中国哲学史研究提供了建设性的智慧。

第一，批评“教条主义”。前苏共中央书记日丹诺夫的著作代表着苏联所理解的马克思主义哲学。1947年6月20日，日丹诺夫在讨论亚历山大洛夫《西欧哲学史》的苏共中央会议上指出：“科学的哲学史，是科学的唯物主义世界观及其规律底胚胎、发生、发展的历史。唯物主义既然是从与唯心主义派别斗争中发生和发展

① 杨春贵主编 :《中国哲学四十年》，中共中央党校出版社，1989年，第185~186页。“在五六十年代，日丹诺夫的这一定义被我国的大多数哲学史工作者当作马克思主义的哲学史定义，用来作为自己研究工作的指南。但是，任继愈在1957年1月11日《光明日报》上发表《试论中国哲学史的对象和范围》一文，对此提出异议，他指出，日丹诺夫的定义有片面性，……然而当时大多数人，如金岳霖、孙定国、石峻、张岱年、杨宪邦等，都赞同日丹诺夫的哲学史定义，而不同意任继愈的看法。石峻在《教学与研究》1957年第3期上发表《论有关‘中国哲学史’的对象和范围的讨论及其目前存在的一些问题》一文，肯定日丹诺夫的观点‘是毫无可以批评的’，认为任继愈关于中国哲学史研究对象的看法‘难免有忽视哲学理论的阶级内容的嫌疑’，有放弃哲学中的党性原则的危险，其结果‘必然要导致取消哲学史上唯物主义和唯心主义两条路线的斗争’。”

起来的，那么，哲学史也就是唯物主义与唯心主义斗争的历史。”并认为亚历山大洛夫所著的《西欧哲学史》缺乏党性原则的基本表现是，“各种哲学派别在这本书中是一个一个先后排列或比肩并列的，而不是互相斗争的”[①]。这样的哲学史定义被简单地概括为唯物主义等于进步，唯心主义等于反动的“两军对垒”，成为束缚和干扰着中华人民共和国建设“科学的哲学史”的思想教条。

在1957年的中国哲学史座谈会上，与会的从事西方哲学、中国哲学和马克思主义哲学研究的一些学者们，对这种“教条主义”展开了批评。任华认为，这次“中国哲学史座谈会”的精神实质就在于反对“哲学史研究中的教条主义倾向”，它们主要表现在“把哲学史简单化”和“忽视中国哲学史的特点的倾向”[②]。冯友兰认为，把“唯物主义与唯心主义斗争底范围”仅仅限制在自然观和认识论方面是受了“教条主义的束缚”；把唯物主义与唯心主义“沿着‘为界’的‘黄河’各自继承着各自底传统，各自发展，像两条平行线一样，为各自的阶级利益服务。这两个阵营在各自发展底过程中，时常你一刀我一枪，战个几百回合，除此之外，好象其间没有其他的关系”的划出明确阵线的方法是处理“问题简单化了”[③]。胡绳则认为，当前的中国哲学史研究存在

① 日丹诺夫：《在关于亚历山大洛夫著〈西欧哲学史〉一书讨论会上的发言》，人民出版社，1954年，第3、16页。

② 任华：《谈谈哲学史研究中的教条主义倾向》，《守道1957：1957年中国哲学史座谈会实录与反思》，上海人民出版社，2012年，第251~252页。

③ 冯友兰：《关于中国哲学史研究的两个问题》，《守道1957：1957年中国哲学史座谈会实录与反思》，上海人民出版社，2012年，第62~67页。

着“教条主义习气”：一方面体现在报刊上文章存在的教条主义，“近来在报刊上的有些哲学问题的讨论中可以看到一种情形：所讨论的问题明明是一个有实际内容的问题，但是人们却不去具体分析这个实际内容，而只是努力从权威的或其实并非权威的著作中寻找一个有关的定义，好像不同的意见之所以发生只是因为对同一定义的不同了解，好像只要人们对定义找到了正确的解释，就能够解决这个问题。不能不说，这种做法正是毛泽东同志所批评的‘从定义出发’的做法。把这种做法用在哲学史研究上，只能得到所谓‘简单化’的结果”；另一方面体现在哲学史研究和教学中的简单化现象，“例如在进行阶级分析的时候只是根据某种一般的原则把‘阶级的帽子’套在各种哲学思想的头上；例如‘马克思主义成为表格’，把各家哲学著作中的有关语句分别填写在我们的‘表格’中以代替具体的分析研究。有人说，学生在听了哲学史的讲授以后，只觉得所有的唯物主义者好像是完全一样的，所有唯心主义者也好像是完全一样的。如果是用这样的态度写出来的哲学史，虽然也写出了唯物论和唯心论的斗争，一定使人觉得，哲学史上的所有斗争几乎也完全是一样的。人们不可能依靠这样的哲学史著作来真正具体地掌握思想斗争的规律，并吸取丰富的经验教训”[①]。

在这次座谈会上，任继愈与这些批评“教条主义”的哲学家们一样，都主张中国哲学史研究应该摒弃“简单的”“缺乏具体分析”地运用日丹诺夫哲学史定义的教条倾向。他明确提出反对

① 胡绳：《关于哲学史的研究》，《守道1957：1957年中国哲学史座谈会实录与反思》，上海人民出版社，2012年，第437~438页。

“在古人的著作中搜寻一些涉及思维与存在的关系的字句，统计一下孔子用了多少‘天’字，来断定孔子是否是无神论，或统计一下王充用了多少‘命’字，来推断他是唯心主义还是唯物主义”[①]。然而，批评归批评，任继愈却并非简单地批评了之，而是在吸收萃取了苏联日丹诺夫哲学史定义的合理内容后，扬弃了日丹诺夫哲学史定义不完全适用于当时中国哲学史研究的缺漏。

第二，扬弃日丹诺夫哲学史定义。扬弃的哲学意蕴在于辩证否定和批判继承之后的积极前进或正向发展。任继愈之所以能够扬弃日丹诺夫哲学史定义，是他基于对自己在运用这个定义开展中国哲学史研究时所产生的“启发”和“困难”自我反思的结果。

就“启发”而言，任继愈认为马克思主义哲学的唯物论原则本质上就是与宗教迷信相对立的，而日丹诺夫哲学史定义划分“唯物主义和唯心主义的界限非常分明”，没有“把宗教思想算作唯物主义”[②]。这些日丹诺夫哲学史定义合理性的内容，可以说是任继愈基于学理层面对这个定义的肯定。然而，这个定义同样也带来了更多的“困难”。具体言之，主要表现在四个方面：（1）唯物主义反映“进步阶级”，唯心主义反映“没落阶级”的阶级分析方法，在处理中国“古代哲学家比处理近代思想家要

① 任继愈：《试论中国哲学史的对象和范围》，《守道1957：1957年中国哲学史座谈会实录与反思》，上海人民出版社，2012年，第92页。

② 任继愈：《在中国哲学史的研究中所遇到的几个问题》，《守道1957：1957年中国哲学史座谈会实录与反思》，上海人民出版社，2012年，第160页。

困难得多”[①]。（2）唯心主义“就是反动”的论断，涉及是否能够实事求是地评价中国哲学史上唯心主义哲学进步性的问题，毕竟中国哲学史上“用唯心主义的学说作为武器反对更荒谬的宗教神学的观点”是有进步意义的[②]。（3）如何用马克思主义哲学的原则来“具体区划古代哲学思想体系的问题”[③]。（4）日丹诺夫哲学史定义对于“辩证法重视不够的问题”。

面对这些“启发”和“困难”，任继愈的智慧之处在于择善而固从之，但又不回避问题。尤其值得我们重视的关键点是在1957年的中国哲学史座谈会上所有对日丹诺夫哲学史定义有所质疑的文章中，只有任继愈一人最明确地指出，“日丹诺夫给哲学史下的定义有不够全面的地方。我认为，如果仅仅把唯物主义和唯心主义的斗争当作哲学史研究的对象，那就会有以下三方面的缺点”[④]。任继愈认为这些缺点具体来说就是：（1）仅限于唯物、唯心的斗争，偏重的自然观、认识论，就会在社会历史观方面留下空白，这样中国哲学史中“有些有价值的东西本来应当作为哲学史的对象的，也只能忍心抛弃，因为它没有唯心和唯物主义的斗争”。（2）日丹诺夫的发言对“辩证法如何战胜形而上学的斗争这一严重事实重视

① 任继愈：《在中国哲学史的研究中所遇到的几个问题》，《守道1957：1957年中国哲学史座谈会实录与反思》，上海人民出版社，2012年，第159页。

② 任继愈：《在中国哲学史的研究中所遇到的几个问题》，《守道1957：1957年中国哲学史座谈会实录与反思》，上海人民出版社，2012年，第160页。

③ 同上。

④ 任继愈：《试论中国哲学史的对象和范围》，《守道1957：1957年中国哲学史座谈会实录与反思》，上海人民出版社，2012年，第91页。

不够”，忽视了哲学史上辩证法与形而上学的对立斗争，而“中国哲学史上无数的具体事例表明唯物主义和辩证法思想经常密切地联系在一起的”，中国哲学史上无数的唯物主义哲学家的思想“有许多是既唯物又辩证的”，同时“又是反对形而上学的”，按照日丹诺夫定义，就无法揭示出中国哲学相当丰富的辩证法思想。（3）日丹诺夫的发言“没有给哲学史上的唯心主义流派以应有的历史地位”，似乎“唯心主义哲学流派的存在，就是作为唯物主义所要克服的对手而存在的”，其实，“唯心主义哲学流派也有它出现的历史必然性”“它在中国哲学史的全部发展过程中，是不可缺少的材料。它不仅仅不是多余的，而是必要的”。

概而言之，这一时期任继愈的先秦诸子哲学研究，与先前已开展过的近代哲学、中古的佛教哲学研究前后联结贯通，初步完成了运用马克思主义的立场、观点和方法对整个中国哲学史的考察；唯物辩证法与教条主义的冲突，引发了任继愈对“科学的哲学史”问题的思考。他实事求是地反思了日丹诺夫哲学史定义存在的问题，对日丹诺夫哲学史定义的智慧却予以肯定，为书写“科学的哲学史”提供了建设性的意见。因此，正确地理解唯物辩证法的科学性，是任继愈能够扬弃日丹诺夫哲学史定义的重要原因。正确地理解真正的马克思主义，用马克思主义的求真精神来指导自己的中国哲学史研究，为的是认识清楚中国哲学史上存在的问题。任继愈的立足点，始终在于实事求是地认识中国哲学史的真实面貌。

小　结

中华人民共和国成立初期任继愈能够实现在中国哲学史研究上的内在转变，离不开学习马克思主义、运用唯物辩证法初步贯通中国哲学史研究的实践和对日丹诺夫哲学史定义的“大胆怀疑”三个环节，这是一种哲学世界观上的去伪存真、自我扬弃过程，同时也反映出了任继愈在中国哲学史研究思想认识上的新陈代谢。

1949年中华人民共和国成立之后，任继愈以开放的心态学习、接受并认同马克思主义的经历对他从事中国哲学史研究的根本转变具有重大现实和理论意义。比较1949年前后任继愈在中国哲学史研究上的转变，我们就能很清晰地捕捉到学习新哲学的重要性。中华人民共和国成立之前，任继愈的中国哲学史研究有其基本的思想倾向，即政治上是爱国主义，哲学观上是儒学世界观。中华人民共和国成立之后，由于现实社会生活出现的新面貌和哲学的影响，任继愈通过对新哲学的学习成为一个坚定的马克思主义者，成为这一时代真理的真诚信奉者，由此完成了哲学世界观的内在转变。笔者认为，在中华人民共和国成立初期，任继愈的思想和精神世界经历了由爱国民主转变为共产主义，由儒学世界观转变为马克思主义世界观的裂变过程。正如任继愈说：“一个非马克思主义者变成一个马克思主义者，都是经过一定的革命锻炼，思想改造，放弃了非无产阶级的思想意识，最后成为马克思主义者的。”[①]而这种转变的实现，首先体现在他的学术研究上就是清算中国哲学史中包括自己身上的唯心史观影响，确立新的哲学世界观，完成从历史唯心主义向历史唯物主义的转变。因此，本章把中华人民共和国成立初期任继愈学习和真心接纳马克思主义，看作是促成任继愈的中国哲学史研究之嬗变动因的第一个关键环节。

1954年至1956年之间，任继愈运用马克思主义的立场、观点和方法开展中国近代哲学和中古佛教哲学研究。通过这些研究，任继愈初步认识到中国近代革命在哲学上最终选择唯物辩证法的历史必然，初步认识到唯物史观对于中国哲学史研究的重要价值。因此，本章把任继愈运用唯物辩证法校准中国哲学史研究方向和方法的实践，看作是中华人民共和国成立初期任继愈的中国哲学史研究之嬗变动因的又一环节。

1956至1957年之间，把运用唯物辩证法开展中国哲学史研究的实践范围拓展扩大到先秦诸子哲学，使任继愈初步认识到中国哲学史上存在着“唯物论和辩证法”的精华，并在这种优秀传统文化的滋养下扬弃日丹诺夫哲学史定义失当之处。因此，本章把任继愈运用唯物辩证法开展的先秦诸子哲学研究和扬弃日丹诺夫哲学史定义，看作是中华人民共和国成立初期任继愈的中国哲学史研究之生成与嬗变动因的第三个关键环节。

概而言之，在新的历史时期，任继愈的中国哲学史研究是在迎

① 任继愈：《任继愈文集·中国哲学史发展规律的探索》（第2卷），国家图书馆出版社，2014年，第41页。

接新政权和新思想的前提条件下自主选择、自主生成的求真哲学，既摒弃旧的传统，又视唯物辩证法为“科学研究的钥匙”，且运用它到自己的中国哲学史研究实践之中加以验证。那么，面对中华人民共和国成立初期提出“科学的哲学史”书写的问题，任继愈此时已然有了哲学思想上的前瞻，而这无疑为其主持编写《中国哲学史》吹响了思想的前奏序曲。

余　论

中华人民共和国诞生，不仅是中国人民的精神面貌焕然一新和社会发展的新纪元，更是中国现代哲学求真之路的现实自证。千帆并举、百废待兴，中华人民共和国的建设是一项前所未有的事业（尽管困难重重）[①]，而新哲学世界观的建设亦符合当时中国社会

① 1949—1956年的中华人民共和国成立初期，面临着医治战争创伤、外交政策的调整、土地改革、镇压反革命活动、抗美援朝等新民主主义社会向社会主义社会过渡进程中诸多巩固新政权的任务。外交政策的调整是指毛泽东1949年9月在中国人民政治协商会议第一届全体会议上的开幕词（《中国人民站起来了》）中强调的：“在国际上，我们必须和一切爱好和平自由的国家和人民团结在一起，首先是和苏联及各新民主国家团结在一起，使我们的保障人民革命胜利成果和反对内外敌人复辟阴谋的斗争不致处于孤立地位。只有我们坚持人民民主专政和团结国际友人，我们就会是永远胜利的。”土地改革是指1950年6月，中央人民政府颁布了《中华人民共和国土地改革法》，明确规定土地改革的目标是“废除地主阶级封建剥削的土地所有制，实行农民的土地所有制，借以解放农村农业生产，发展生产力，为新中国的工业化开辟道路”。镇压反革命

由革命进入建设阶段之需。新哲学的普及遵循着历史发展的逻辑。事实上，中国近代社会革命与哲学思想互动的进程也证明了，秉持中国传统哲学的知识分子和信奉西方哲学各种主义的知识分子都无力破解“中国向何处去”的问题，而这个难题的解决最终只能是在中国土壤中自主生成的以马克思主义为主流的中国现代哲学。“中国向何处去”的命题，内在地蕴含着中国革命与哲学思想互动的问题。从社会革命的角度而言，在中国近现代这个社会剧烈变动的时代，马克思主义之所以能够在中国近代的革命进程中最终胜利，取决于中国近现代社会大变革的需求。“理论在一个国家实现的程度，决定于理论满足这个国家需要的程度”[①]；从哲学思想革命的角度而言，马克思主义对中国现代哲学影响最具革命性之处就是哲学世界观的更新。所谓一泓清水映照日月之光，因此通过中华人民共和国成立初期任继愈的中国哲学史研究所呈现出来的哲学世界观递嬗历程，从这个侧面观测社会革命转入社会建设时期的中国哲学界状况，为中国现代哲学研究提供些许助益，这是本章写作的初衷。

20世纪中国现代哲学的生成运动，是考察当代中国哲学研究上的宏大主题。那么，从中国传统哲学、马克思主义哲学、西方哲学论辩和对话的视角切入这一研究，无疑算是一条可行的路径。我们知道，1919年到1949年之前，中国哲学的“现代新儒家”学派、中

是指1950年7月23日，政务院、最高人民法院发出的《关于镇压反革命活动的指示》；1951年2月，中央人民政府颁布了《中华人民共和国惩治反革命条例》，截至1953年春，历时两年半。

① 《马克思恩格斯文集》第1卷，人民出版社，2009年，第10页。

国哲学的“西化”学派和中国哲学的马克思主义学派就展开了碰撞激烈的较量和论争。它们在此前三十年里，为中国现代哲学发展和学术积累储备了极多有待我们消化吸收的思想资源，且依然生命力旺盛地滋养着当代中国哲学的发展。至于1949年至1979年之间是否存在着“中西马”哲学之间密切互动的问题，却依然晦暗不明，让人思绪困扰。借助本章对中华人民共和国成立初期任继愈的中国哲学史研究，笔者发现1949年至1957年，包括任继愈在内的中国哲学家群体凭借着自发组织、自觉开展哲学研究的学会组织延续着中国现代哲学的学脉，并以新的议题和组织形态活跃在中华人民共和国成立初期。

如果从“中国新哲学研究会”和“1957年的中国哲学史座谈会”，到改革开放之后中国哲学史学会恢复之后召开的太原会议（1979年10月）、杭州会议（1983年10月，以宋明理学为主题）、广州会议（1985年，以近代中国哲学为主题）、武汉会议（2005年，以21世纪中国哲学与全球文明对话为主题），再到2018年8月13日至20日在中国举办的第一次世界哲学大会来粗疏看待，中国哲学界有组织的学术性学会活动至今已快七十年，它与中国现代哲学的生成过程相随相伴，两者之间也始终存在着一种共生、共荣的互馈关系。而促进这种关系得以良性发展的有效机制，无疑是中国哲学、西方哲学和马克思主义哲学对话所催生的共知和共识。至于那种所谓对“打通中西马，吹破古今牛”的嘲讽之言，绝非对待问题的严肃态度，仅算是学界盲流的插科打诨之言罢了。此言姑且说之，又何妨姑且听之而鉴之再证之。如今，笔者借助本章所论，也是对这种声音以正视听的回应。

第三章 “文化大革命”前后任继愈的中国哲学史研究

中华人民共和国建设是中华民族迎来的前所未有之事业，然在“一穷二白”和经验不足的情况下探索社会主义建设道路，付出代价不可避免。追逐工业化与现代化的中国，在得与失的抉择碰撞之下，出现了历史的坎坷，但同时也造就和酝酿着新的哲学思想，这是历史的必然，亦是中国哲学的此岸。

“文化大革命”前后，中国现代哲学的求真之路在鹅行鸭步中曲向前行，中国的哲学家群体始终与社会主义建设进程中所付出的代价与经验教训相伴而行。在这样身处其里的行程之中，哲学家们所不为的是个人荣辱得失、甚至性命之忧的考量，所为者只是坚守哲学探究真理的科学底线，探究和反思经验教训以启迪后继者。那么，任继愈在这一时期的中国哲学史研究又是如何开展的呢？对于中国现代哲学研究又有哪些价值呢？本章依据任继愈在“文化大革命”前后开展中国哲学史研究的相关哲学文献，梳理这一时期他的中国哲学史研究生成之过程，进而认识这个生成过程对于理解其哲学思想的价值。

一、“科学的哲学史”与《中国哲学史》（四卷本）

中国哲学史学科的创立体现出了中国哲学自身动态发展的内在自觉。就中国哲学史学科的发展而言，作为“信史”的中国哲学史书写大致分为两个阶段。从“五四”时期至中华人民共和国成立之前，书写“中国哲学史的信史”大致经历了“崇古”“疑古”和“释古”的探索，这是中国哲学史学科萌发之初的任务，这是中国现代哲学走向自觉的开始；中华人民共和国成立之后的50年代中后期到“文化大革命”之前这段时间，中国哲学史界围绕着如何建设“科学的哲学史”的问题，持续性地开展了关于中国哲学史学科的对象、范围和方法问题的讨论，如何对待哲学史上的唯心主义的讨论，如何批判继承传统哲学遗产的讨论，如何认识和评价孔子、老子等先秦诸子哲学家学术思想的讨论[①]。纵观任继愈中国哲学史研究的开始和展开，都与这两个时期密切关联。任继愈是中国哲学史学科初创之后接受培养和学术训练的第一代哲学职业工作者，他在就读北京大学哲学系以哲学为业之始就深受“五四”科学理性精神的影响；中华人民共和国成立后建设“科学的哲学史”的问题提出之际，又是参与这些讨论、争辩的亲历者。正是在这历时近三十年学习和研究中国哲学史的实际工作之中，任继愈反思和总结

① 余品华主编：《十年建设时期哲学若干学科建设的论辩》，百花洲文艺出版社，2012年。

“五四”以来中国哲学史研究情况，重新提出了书写中国哲学史的新认识，并把这个认识成果贯彻于中华人民共和国成立后的第一部中国哲学通史著作，从而对当时“科学的哲学史”争论给予了最为直接的回应。

（一）“科学的哲学史”书写

“五四”新文化运动前后，呼唤科学之声响彻云天，科学观念传播日广、耕犁人心，逐渐成为支配现代学术研究的思想基石。科学的学术观要求知识体系必须按照现代学科分类而细分，中国哲学史这门学科由此而生于中国哲学由传统进入现代这一历史节点。事实上，中国哲学史学科的诞生对于中国哲学由传统步入现代意义重大，这既意味着中国哲学开始摆脱传统学术中经学观念的支配、束缚，开始由传统哲学迈入中国现代哲学的门槛，又意味着在现代科学观念的洗礼之下中国哲学直面和转化西方哲学及其学术体系，自觉开启中国现代哲学的具体实现路径。从中国哲学史学科以现代学科分类的样态被纳入学术建制以来，中国哲学史学科的学科自觉而自然地与书写“中国哲学史的信史”紧密关联，胡适和冯友兰以“科学”之名所撰作的《中国哲学史》通史类著作，无疑是“信史”的中国哲学史最具代表性之范本。

第一，胡适的《中国哲学史大纲》（卷上）。《中国哲学史大纲》（卷上）是学界公认的“五四”以来中国哲学史书写之最初蓝本，其首版于1919年2月的商务印书馆，被称为中国哲学史学科建立的奠基之作。事实上，胡适的《中国哲学史大纲》（卷上）出版前后亦有两部《中国哲学史》著作，分别是谢无量的《中国哲学史》（初版于1916年）和钟泰的《中国哲学史》（初版于1924年）。谢无量著《中国哲学史》主张“道术即哲学也”“古之君子，尽力于道术得其全者是名曰儒”“儒即哲学也”[①]，其从传说时代的黄帝讲起，至戴震止笔，从内容上来看其实只是材料的堆积，尚不能称为现代意义上的哲学史；而钟泰著《中国哲学史》则诉诸“本真”的中国哲学史，主张“中西学术，各有统系，强为比附，转失本真”[②]，其从更久远的尧舜讲起，洋洋洒洒而终笔于曾国藩，同样缺乏深入而系统的哲学分析。相较于这两部以《中国哲学史》命名而又“崇古”过甚的著作，胡适的《中国哲学史大纲》（卷上）在介绍“中国哲学发生的时代”后，直接从老子、孔子讲起，中经孔门弟子、墨子、杨朱、别墨、庄子、荀子以前的儒家以及荀子，最后以法家为终结。《中国哲学史大纲》（卷上）用现代学术方法，系统地阐述中国哲学史，考订哲学家的生存时代，辨别著作的真伪，考察哲学家的思想来源和所采用的思想方法，厘清哲学家相互之间的师承和变迁，并根据当时的时代特点和思想演进状况对哲学家平等地做出评价。在“导言”中，胡适自觉地提出了自己对“哲学”和“哲学史”的理解，不仅规定了“述学”“明变”“求因”“评判”的研究“哲学史”任务，还更加明确地提出了“证明的方法”“剪裁的方法”“分析的方法”“系统的方法”这些研究中国哲学史的方法论，将中国哲学的主体结构分类划定为宇宙论、名学

---

① 谢无量：《中国哲学史》，中华书局，1916年，第2页。

② 钟泰：《中国哲学史》，东方出版社，2008年，第1页。

及知识论、“伦理学”的人生哲学、教育哲学、政治哲学、宗教哲学。当时的北大校长蔡元培亲自为该书作序，他总结胡适《中国哲学史大纲》（卷上）的四大特长：第一是证明的方法；第二是扼要的手段；第三是平等的眼光；第四是系统的研究。[①]蔡元培极大地肯定了胡适《中国哲学史大纲》（卷上）对中国哲学史学科的系统化、西洋化方面所做出的功绩：“中国古代学术从没有编成系统的记载。《庄子》的《天下篇》，《汉书·艺文志》的《六艺略》、《诸子略》，均是平行的记述。我们要编成系统，古人的著作没有可依傍的，不能不依傍西洋人的哲学史。所以非研究过西洋哲学的人，不能构成适当的形式。”[②]由此，我们可以窥见《中国哲学史大纲》（卷上）在中国哲学史学科史上的首创之功，进而认定胡适用“科学”的权威来祛除“经学”的“威权”，使“中国的学问”研究受到“科学的洗礼”，的确是迈出了“科学”著述中国哲学史的初步尝试。

第二，冯友兰的《中国哲学史》（两卷本）。冯友兰著《中国哲学史》（两卷本）的上卷首版于1931年，下卷于1934年出版。该书最初仅仅是冯友兰任教清华大学时讲授中国哲学史的讲义，后被采用作为民国时期大学中国哲学史课程的教材[③]。由于当时胡适的《中国哲学史大纲》（卷上）并不完整，冯友兰《中国哲学史》

① 蔡元培：《中国哲学史大纲·序》，胡适：《中国哲学史大纲》（卷上），东方出版社，2004年，第1~2页。

② 蔡元培：《中国哲学史大纲·序》，胡适：《中国哲学史大纲》（卷上），东方出版社，2004年，第1页。

③ 冯友兰：《中国哲学史·自序》（上册），中华书局，1992年，第2页。

（两卷本）出版之后立即成为第一部完整的中国哲学通史著作。该书被学界推崇备至，学界视其出版为奠定中国哲学史学科的标志，有学者就认为“冯友兰《中国哲学史》两卷本堪称20世纪中国学术思想界中国哲学史研究的‘典范性’之作”[①]。

《中国哲学史》（两卷本）主张“科学方法即是哲学方法”[②]。在这两卷本《中国哲学史》的内容上，冯友兰将中国哲学史划分为两个时代，即子学时代和经学时代。冯氏所讲的子学时代约四百年，又断分为“自孔子讲起”的“开始”和“董仲舒之主张行”的“终结”两阶段[③]，上卷具体所论“自孔子至淮南王时期为子学时代”[④]；经学时代约两千多年，亦断分为“董仲舒之学说立而经学时代始”和康有为“经学之旧瓶破而哲学史上之经学时期亦终”两个阶段，下卷所论“自董仲舒至康有为”为经学时代[⑤]。在对待古代哲学家的思想资料之真伪的态度问题上，冯友兰在传统的“崇古”与胡适的“疑古”之外，提出了富有独创性的“释古”主张。他对“释古”做了如此说明：“对于哲学史的资料，流传下来，号称是某子某人的著作，首先要看它有没有内容。如果没有内容，即使是真的，也没有多大的价值。如果有内容，即使是伪的，也是有价值的。所谓真伪的问题，不过是时间上的先后问题。《列子》这部

① 陈来：《现代中国哲学的追寻——新理学与新心学》，人民出版社，2001年，第300页。

② 冯友兰：《中国哲学史》（上册），中华书局，1992年，第5页。

③ 冯友兰：《中国哲学史》（上册），中华书局，1992年，第28~40页。

④ 冯友兰：《中国哲学史》（上册），中华书局，1992年，第492页。

⑤ 冯友兰：《中国哲学史》（上册），中华书局，1992年，第492~496页。

书，我们认为是伪书。说它是伪书，不过是说它不是先秦的著作。但它是有内容的。这个内容所表现的思想，虽然不是先秦时代的思想，大概也是魏晋时代的思想。……如果把它放在错误的时代，那就不是历史的本来面目。如果把它放在它真正出现的时代，那却是很好的资料。”[①]在具体的观点内容上，冯友兰有两方面的创见：一是对先秦名家做了“合同异”派和“离坚白”派的区分，认为这是先秦名家的内部派别之分，前者以惠施为代表，后者以公孙龙为代表；二是对宋明道学的程氏兄弟的思想做了区分，认为程颐的哲学思想是客观唯心主义，是以后理学的先驱，而程颢则是主观唯心主义，是以后心学的先驱。

概而言之，这两部著作确为创建中国哲学史学科起到了一定的积极意义。也正是基于此，任继愈对之分别给予了正面的评价：对于胡适的《中国哲学史大纲》（卷上），他指出“胡适打破了封建学者不敢触及的禁区，即‘经学’”，“《中国哲学史大纲》则敢于非议圣人，这是时代赋予研究者的胆识”[②]；对于冯友兰的《中国哲学史》（两卷本），他认为这是“一部完整的著作，不像胡适的著作有头无尾，资料也丰富。这是沿着胡适开辟的道路继续向前走的书”[③]，“《中国哲学史》比胡适的《中国哲学史大纲》在国内外有更长远

① 冯友兰：《三松堂全集》（第1卷），河南人民出版社，2001年，第189~190页。

② 任继愈：《任继愈文集·学习中国哲学史三十年》（第2卷），国家图书馆出版社，2014年，第2~3页。

③ 任继愈：《任继愈文集·学习中国哲学史三十年》（第2卷），国家图书馆出版社，2014年，第3页。

的影响”[①]。然而众所周知，胡适所言的“科学”实际上是对其影响至深的西方实用主义哲学，《中国哲学史大纲》（卷上）正是假借其名来书写完成的中国哲学史著作，而冯友兰则师法和接续胡适的中国哲学史书写策略，同样借鉴新实在论的方法来“接着讲”中国哲学，“今欲讲中国哲学史，其主要工作之一，即就中国历史上各种学问中，将其可以西洋所谓哲学名之者，选出而叙述之”[②]。很显然，这种“以西释中”的方式并不完全符合中国哲学自身发生、发展的实际。随着时代的更迭和历史实践的检验，这两部以“科学”之名撰写的中国哲学史通史著作所存在的问题逐渐显露。那么，替代它们的中国哲学史书写又应该是怎样的呢？

对于这个问题，任继愈指出它们“都不能算作阐明中国哲学史发展规律的科学著作”[③]，从而沿着自身扬弃日丹诺夫哲学史定义的思想脉络，批判继承旧文化，创造性和创新性地走出一条实事求是地认识中国哲学史的研究道路，而由其承担主编的《中国哲学史》（四卷本）就是这条道路上最精彩的篇章。

（二）主编《中国哲学史》（四卷本）

众所周知，《中国哲学史》（四卷本）是一定时期里中国哲学

---

① 任继愈：《任继愈文集·冯友兰先生在中国哲学史领域里的贡献》（第5卷），国家图书馆出版社，2014年，第222页。

② 冯友兰：《中国哲学史》（上册），中华书局，1992年，第1页。

③ 任继愈：《任继愈文集·学习中国哲学史三十年》（第2卷），国家图书馆出版社，2014年，第3页。

史学通史著作书写的经典范本。正如方克立所认为的那样，该书对于“旧哲学史的变革创新意义是不容否认的”，其作为“最有代表性的研究成果”影响深远，“教育、影响了一代后起的中国哲学史工作者”。[①]诚然，《中国哲学史》（四卷本）当得起这样的历史评价和赞誉。然而，如果回顾到当时的历史情境和彼时的中国哲学史界，我们诧异的是为什么选择任继愈来担任《中国哲学史》（四卷本）的主编？而其中又蕴含着怎样“偶然”与“必然”的合力作用？

第一，编写《中国哲学史》（四卷本）的肇始。中华人民共和国成立之后，马克思主义开始成为国家的主流文化意识形态，此时的中国哲学史研究与马克思主义中国化的核心问题紧密相连，即如何建立以马克思主义为指导的中国哲学史研究成为当务之急。直到1959年末，中共中央才提出编写大学文科教材的决议。1960年，全国文科教材会议召开，会议决定设立中国哲学史编写组，任继愈担任该项工作的主编。1961年6月，中共中央宣传部和教育部联合主持领导高等教育文科教材的编写工作，组织一批当时国内具有较高学术水平和丰富教学经验的哲学工作者，规划编写六本大学文科教材：艾思奇主编《辩证唯物主义和历史唯物主义》、金岳霖主编《形式逻辑》、任华主编《西方哲学史》、朱光潜主编《西方美学史》、任继愈主编《中国哲学史》。

任继愈主持编写的《中国哲学史》共四册，学界一般称为四卷

① 方克立：《方克立文集·中国哲学史研究50年》，上海辞书出版社，2005年，第367页。

本的《中国哲学史》或《中国哲学史》（四卷本）。其第一卷着手编写始于1961年夏，第二、三卷完成于1963年，参与编写工作的有中国科学院哲学研究所、北京大学哲学系中国哲学教研室、中国人民大学哲学系中国哲学史教研室等单位，参与人员有王明、尹明、孔繁、石峻、邓艾民、卢育三、任继愈、孙长江、吴则虞、李焰、容肇祖、汤一介、杨宪邦、庄印、楼宇烈等。该卷于1963年7月由人民出版社首版[①]。相较于1963年的初版，1964年再版的《中国哲学史》又根据试用之后反馈的“教材内容多了些，一般讲不完”的问题，以说明“哲学思想发展的线索”为目的，详细列出了针对某些具体章节内容的授课建议[②]。第四卷编写于1973年，该卷

① 任继愈：《任继愈文集·〈中国哲学史〉（四卷本）1963年出版前言》，国家图书馆出版社，2014年，第2页。

② 任继愈：《任继愈文集·〈中国哲学史〉（四卷本）1964年再版说明》，国家图书馆出版社，2014年，第4页。《中国哲学史》第一卷第一篇“中国奴隶社会（商—春秋）哲学思想的发生和发展”部分涉及的商周时期的第一、二章（笔者注，第一章：奴隶社会的经济政治文化和思想发展；第二章：商周时期唯物主义萌芽）可以合并，第三章（笔者注，第三章：春秋时期唯物主义无神论反对宗教唯心主义的斗争）可并入第四章（笔者注，第四章：老子的唯物主义哲学体系和朴素的辩证法思想）讲授。《中国哲学史》第一卷第二篇“中国封建社会确立时期（战国）哲学思想的发展”部分涉及的战国时期的第四章（笔者注，第四章：《孙子兵法》的辩证法思想）也可以不讲。《中国哲学史》第二卷第三篇“统一的封建专制国家建立和发展时期（秦—汉）的哲学思想”部分涉及的十一章内容，如果时间不够，只讲董仲舒（笔者注，该卷第三篇第六章：董仲舒的唯心主义想而上学哲学体系）与王充两章（笔者注，该卷第三篇第十章：王充的唯物主义思想和无神论），其余章节附在这两章的前后提到，也可以。对于《中国哲学史》第二卷第四篇“中国封建国家长期分裂门阀地主阶级统治时期（魏晋南北朝）的哲学思想”部分涉及

作为第一、二、三卷的继续和补充，1979年由人民出版社出版①。至此，任继愈主持编写的《中国哲学史》（四卷本）方才完备，共历时二十年。

事实上，中华人民共和国成立初期的中国哲学史界人才济济，既有中华人民共和国成立之前早已成名的老哲学家，又有很多中华人民共和国自己培养的中青年哲学家。当时有学术声望和地位都远超过任继愈的冯友兰、张岱年等，他们已在哲学领域耕耘多年且著述累累，而且依旧笔耕不辍地活跃在中国哲学史研究的舞台，曾经教授任继愈中国哲学史课程的容肇祖也健在，却仅仅是《中国哲学史》（四卷本）编写组的成员，任继愈在大学和研究生期间的同学石峻、王明，也都是编写组的参与者。那么，任继愈之所以能够在中华人民共和国成立之后的中国哲学家群体中脱颖而出，承担起主编《中国哲学史》（四卷本）的任务，其源自中华人民共和国成

的佛教哲学（笔者注，第八章：魏晋南北朝的佛教哲学），授课教师可根据学生的具体情况进行删减；对于《中国哲学史》第三卷第五篇“统一封建国家重建与地方割据时期（隋唐五代）的哲学思想”部分涉及的佛教哲学，也可以只讲禅宗一派（笔者注，该卷第五章的第二节：禅宗的主观唯心主义宗教哲学）。而该卷第四章隋唐佛教宗派哲学上，涉及的第一节：隋唐佛教宗派哲学的形成和它的兴衰过程、第二节：天台宗的唯心主义宗教哲学、第三节：法相宗的唯心主义宗教哲学；第五章隋唐佛教宗派哲学下，涉及的第一节：华严宗的相对主义和诡辩论的内容，教师可根据教学时数、学生基础去适当安排讲授。

① 任继愈主编《中国哲学史》（四卷本）在1973年以前并不是完整的四卷，只有第一、二、三卷。据查，从1961年第一卷开始编写，到1979年完成，再到后来的修订版，四卷本的《中国哲学史》的编写工作前后共有五版，分别为1963年初版、1964年再版、1979年第三版、1984年第四版、2003年修订版。

立之后十年时间里任继愈哲学世界观的转变，以及运用唯物辩证法开展中国哲学史研究的艰苦探索和取得的一系列新认识。因此，清楚了这期间任继愈对从事中国哲学史研究工作的新认识和他的哲学创造所受到的社会关注，自然也就明白主编《中国哲学史》（四卷本）非他莫属的原因。

第二，中国哲学史研究的新认识。继1957年“中国哲学史座谈会”之后，中国哲学界普遍关注到了“科学的哲学史”如何书写的问题。而此时的任继愈刚刚被打成“修正主义思潮”的典型代表，正遭受着来自方方面面的责难和批评，但他在这种困境和磨难之中仍然持续着中国哲学史研究，坚持对“科学的哲学史”问题提出自己的见解。1959年，任继愈在对“五四”以来中国哲学史研究和中国传统哲学特点双重反思的基础上，指出“旧中国的哲学史说不上是一门科学”，他总结和回顾了自己十年来从事中国哲学史研究的经验与教训，观点鲜明地提出了“哲学史应当是哲学发生发展的历史”的新认识[①]。在他看来，中华人民共和国成立后系统地学习马克思主义和认识“辩证唯物主义的真理”，才使自己对“哲学有了正确的认识”，才有可能把当下中国哲学史的研究导向“科学的轨道”，才使自己的“中国哲学史的研究工作十年来也发生了质的飞跃”[②]。因此，他指出以马克思主义观点、方法整理中国哲学史将

① 任继愈：《任继愈文集·十年来从事中国哲学史工作的一点体会》（第4卷），国家图书馆出版社，2014年，第302页。

② 任继愈：《任继愈文集·十年来从事中国哲学史工作的一点体会》（第4卷），国家图书馆出版社，2014年，第303页。

“彻底改变哲学史这一科学的精神面貌”[①]。他提出这些对中国哲学史研究的新认识之后，引起了很大的社会关注，尤其是毛泽东主席的注意，故此才有了记录“毛主席接见任继愈谈话经过”这份珍贵的历史文献存世。

通过任继愈哲嗣任远、任重在整理父母遗物时无意间发现的这份记录，我们才得以澄清一些关键问题。比如，毛泽东主席与任继愈晤谈的第一个部分就是“关于研究中国哲学史”。此外，该手抄记录的弥足珍贵之处还在于它如实记录了毛泽东主席对任继愈中国哲学史研究的肯定，如“中国哲学史，古代先秦部分研究的人比较多，近代现代的已开始注意起来了。只有中间一段似乎注意得还不够。你们有人注意这一段，很好……佛教史你在搞，很好”[②]。因此，我们可以说，这次谈话进一步加速了任继愈对思考“科学的哲学史”问题的思想进程，也对任继愈坚持自己的中国哲学史研究方向提供了思想动力。正如后来任继愈在纪念毛泽东主席逝世三周年时论及这次谈话时对自己当时开展中国哲学史研究的影响，“这次谈话内容很丰富，主要谈论的是关于哲学、哲学史、宗教研究等问题。毛主席的教导，使我在困难中增加勇气，在迷惘中有了前进方向”[③]。这个方向就集中体现在任继愈为主编《中国哲学史》（四卷

① 任继愈：《任继愈文集·十年来从事中国哲学史工作的一点体会》（第4卷），国家图书馆出版社，2014年，第303页。

② 任远、任重：《一份谈话记录和半个世纪的演绎》，《永远的怀念——任继愈先生百年诞辰纪念文集》，国家图书馆出版社，2016年，第66页。

③ 任继愈：《任继愈文集·忆毛主席谈古为今用》（第9卷），国家图书馆出版社，2014年，第263页。

本）所列出的写作提纲：

（1）中国古代哲学有丰富的辩证法思想，所以在叙述每个思想家的哲学思想时，往往都要叙述他在辩证法方面的建树。

（2）中国古代哲学有丰富的社会历史观的内容，因此每个思想家的社会政治思想，也构成他哲学思想的基本内容。

从这个提纲，我们可以看出《中国哲学史》（四卷本）基本确立了马克思主义指导中国哲学史研究的基本导向。故而，在任继愈主编的首版《中国哲学史》问世之后不久，毛泽东主席又两次对任继愈的中国哲学史研究予以特别关注。一次是1963年12月30日，毛泽东主席在阅读中共中央外事小组和中央宣传部关于加强研究外国工作给中央的报告时，对任继愈佛教研究的现实价值和理论价值予以肯定。毛泽东主席说："这个文件很好。但未提及宗教研究。对世界三大宗教（基督教、伊斯兰教、佛教），至今影响着广大人口，我们却没有知识，国内没有一个由马克思主义者领导的研究机构，没有一本可看的这方面的刊物。《现代佛学》不是由马克思主义者领导的，文章的水平也很低。其他刊物上，用历史唯物主义的观点写的文章也很少，例如任继愈发表的几篇谈佛学的文章，已如凤毛麟角，谈基督教、伊斯兰教的没有见过。不批判神学就不能写好哲学史，也不能写好文学史或世界史"[①]；另一次是1964年10月，毛泽东主席在阅读任继愈主编的《中国哲学史》（第三册）第五篇"统一封建国家重建与地方割据时期（隋唐五代）哲学思想的隋唐

① 中共中央文献研究室编：《毛泽东年谱》（1949—1976），中央文献出版社，2013年，第299页。

佛教宗派哲学”部分之时，对任继愈把佛教纳入中国哲学史研究的学术价值予以直接肯定。毛泽东主席对任继愈在该书中论证和分析“华严宗的相对主义和诡辩论”的精准，做出了“何其正确”的批注[①]。

任继愈在中华人民共和国成立之后的十年时间里运用唯物辩证法开展中国哲学史研究的哲思脉络走向，恰恰与毛泽东主席接见和两次对其在中国哲学史研究方向上的肯定相契合。当时既是国家领导人又是哲学家的毛泽东主席，其一生有过很多工作批示和读书批注，但这两次肯定对任继愈的中国哲学史研究具有特殊的意义。这在别人看来也许是无足轻重的，但在我们看来无疑是对任继愈在中国哲学史研究方向上的肯定，而《中国哲学史》（四卷本）更是比较典型地反映出任继愈在哲学世界观转变之后，对中国哲学史研究的新认识。

概而言之，胡适、冯友兰和任继愈所书写的中国哲学史通史类著作无疑是考察中国现代哲学这个“转变阶段”最具标志性的指标之一。但如果从中国哲学史通史类著作的脉络来看，胡适、冯友兰书写中国哲学史通史著作的尝试，却仅仅停留于“科学”观念层面书写的中国哲学史并没有产生巨大的社会变革作用，而任继愈主编的《中国哲学史》（四卷本）作为中华人民共和国成立后的中国哲学史通史著述范本，对以马克思主义哲学来理解中国哲学史的进程起到了极大的推动作用，其起到的作用在于能够使人们真正懂得怎

① 中共中央文献研究室编：《毛泽东哲学批注集》，中央文献出版社，1988年，第497~498页。

样继承中国古代到近代以来哲学思想中的优秀遗产，同时克服过去各种哲学中的错误和片面性，从而达到了当时历史条件下中国哲学史研究上的可靠性和准确性。然而，随着“文化大革命”阴云风雨而来，任继愈所做的也只是在遭受着这场风暴煎熬的同时，尽可能固守和坚持中国哲学史研究的科学性。

二、“儒法斗争史观”与唯物辩证史观

受“文化大革命”期间极端政治化运动的制约，正常的中国哲学史研究不能不受影响，“儒法斗争史观”桎梏下的中国哲学史研究惨淡经营。这个时期，“批林批孔”“评儒批法”是中国哲学史研究的主要内容，“中国哲学史就是儒法斗争史”是主要的见解，“儒法斗争史观”支配着中国哲学史研究相关著作的撰写[①]。然而，具体地比较分析这一时期的中国哲学史研究著述的相关实际情况，我们仍会发现当时整个中国哲学史学界还有难得一见的亮点，那就是任继愈在这期间的中国哲学史研究。具体言之，就是任继愈主编《中国哲学史简编》拒斥“中国哲学史就是儒法斗争史”的价值导向，捍卫马克思主义对于中国哲学史研究的科学性；借助山东临沂出土的《孙膑兵法》竹简来探求其哲学思想，澄清历史上儒法斗争的事实，正确地认识中国哲学史上的儒法斗争问题，履行着哲学社会科学学者科学研究的应

① 杨荣国主编的《简明中国哲学史》（含修订版），尹明、孙长江、方立天、张立文撰写的《中国哲学史讲话》等都是按照儒法斗争这一主线撰写中国哲学史。

尽之责，以纠正当时中国哲学史研究上的错误倾向。

（一）“儒法斗争史观”与《中国哲学史简编》

“儒法斗争”或者“评法批儒”都直接涉及中国哲学史研究的基本线索和指导思想上的方向问题，而任继愈主编的《中国哲学史简编》并没有按照“儒法斗争”的线索进行编写。当“批林整风”运动激烈之时，“评儒批法”问题被提出来。所谓“评儒批法”认为，中国历史上最重要的政治思想斗争，就是儒家和法家的斗争。法家代表进步，儒家代表落后。中国哲学史就是儒法斗争史，“儒法斗争贯穿两千年，一直影响到现在”[①]。这一时期，“儒法斗争史观”侵入中国哲学史研究的相关著作，其中杨荣国的《简明中国哲学史》影响巨大，该书是根据“儒法斗争史观”撰写的中国哲学通史著作。然而，任继愈主编的《中国哲学史简编》则拒斥“中国哲学史就是儒法斗争史”的价值导向，仍然坚持运用马克思主义指导其中国哲学史研究，以还原中国哲学史的本来面目。

第一，《简明中国哲学史》的“儒法斗争史观”。杨荣国的《简明中国哲学史》初版于1973年7月，起初也没有完全按照“儒法斗争”的要求来写，但是再版于1975年3月的《简明中国哲学史》（修订版）其显著特点就是滥用“古为今用”的方针，以儒法斗争为主线撰写中国哲学史。该书指出：“两千多年的儒法斗争是历史上整个阶级斗争的一个侧面。在不同的历史时期中，儒法斗争有着

① 北京大学儒法斗争史编写小组：《儒法斗争史概况》，人民出版社，1975年，第1页。

不同的阶级基础和政治内容，但总是革新与守旧、前进与倒退两条政治路线的斗争，同时在思想路线上则表现为唯物主义与唯心主义的斗争。法家要求革新和前进，因此在不同程度上都主张打破天命鬼神的迷信，有朴素的唯物主义和朴素的辩证法思想。与此相反，从孔丘起的所有儒家全都拼命鼓吹‘畏天命’‘唯上智与下愚不移’‘天不变，道亦不变’等唯心论和形而上学。儒法两条思想路线的斗争，是中国哲学史上两军的重要部分[①]。”正是按照这样的理解，整个中国哲学史的内容就被安排成了界限分明的儒家与法家两派对立的斗争史。（1）春秋战国时期，孔子、孟子等是儒家的代表，宣扬的是天命论、唯心论的先验论和天才论，与他们对立的则是商鞅、荀子、韩非等法家代表所宣传的天人相分的思想。（2）西汉前期，处于上升阶段的新兴地主阶级还利用法家思想打击奴隶制复辟势力，但西汉后期的封建制度巩固之后，奴隶制复辟的严重危险不存在了，而地主阶级和农民阶级的矛盾日益尖锐，随着地主阶级的历史地位发生变化，开始走向反动，就由尊奉法家转变为尊儒。“儒法斗争已经从地主阶级和奴隶主阶级之间两个阶级、两条路线的斗争演变为地主阶级内部革新派和保守派之间的路线斗争[②]。”儒家的董仲舒建立“天人感应”的神学体系，提出“天不变，道亦不变”的永恒天命论，到了东汉更是成为封建地主阶级的官方哲学。魏晋南北朝的玄学和佛教，同儒家思想一样，宣扬唯心主义来束缚人们的精神。而继承法家思想传统，反对官方哲学的地主阶级革新派哲学家，在东汉有王

① 杨荣国主编：《简明中国哲学史》（修订版），人民出版社，1975年，第2页。

② 杨荣国主编：《简明中国哲学史》（修订版），人民出版社，1975年，第4页。

充，南北朝有范缜。（3）唐代柳宗元和刘禹锡继承先秦法家荀子的思想，并进一步发展，和儒家的代表人物韩愈展开了“天人相分”和“天人相与”的论战。（4）宋明的理学是“尊儒反法的黑旗”，代表是程朱、陆王两大派，分别宣扬“理得于天而具于心”和“心即理”的思想，宋代反理学的思想家则有地主阶级革新派的王安石、陈亮、叶适，明清两代反理学的思想家则有王夫之、黄宗羲、颜元和戴震。

《简明中国哲学史》（修订版）的序言部分，完整地概述了不同时期儒法斗争为主线的中国哲学史内容。该书更是把“儒法斗争”史观泛化，其基本倾向是把儒家等同于唯心主义，法家等同于唯物主义，把与中国哲学史研究关系不大的霍光、桑弘羊、曹操等也纳入儒法斗争的范围之内。至此，“儒法斗争”史观下的中国哲学史研究的内容不再是哲学思想，哲学史成为适应现实需要的“政治思想史”，成了借古讽今的“影射史学”歪曲和篡改中国哲学史的典型。

第二，《中国哲学史简编》的唯物辩证史观。“文化大革命”期间的《中国哲学史简编》是在毛泽东主席号召“读几本哲学史”的特定时代条件之下编写的通史类著作，其立意是要“掌握辩证唯物主义和历史唯物主义的立场、观点和方法”来学习中国哲学史[①]，其主旨导向与“儒法斗争史”观的价值导向有着根本的区别。

在《中国哲学史简编》的绪论部分，任继愈从三个方面分别阐述学习中国哲学史的意义和目的是正确认识辩证唯物史观；批判

① 任继愈主编：《中国哲学史简编》，人民出版社，1973年，第1页。

地继承是学习中国哲学史的态度；中国哲学史的发展过程是在具体历史条件下发展起来的。为了更详细地说明《中国哲学史简编》的价值导向问题，我们转述如下，看看任继愈是怎么运用辩证唯物主义和历史唯物主义的立场、观点和方法来具体展开中国哲学史研究的。（1）学习中国哲学史的意义和目的在于识别真假马克思主义和正确认识马克思主义认识论。增进“识别真假马克思主义的能力[①]”，可以判定什么是真假马克思主义；分清什么是唯物论，什么是唯心论，可以“识别什么是唯物主义，什么是唯心主义，总结历史上唯物主义对唯心主义、辩证法对形而上学的斗争”[②]。只有认识真正的马克思主义，才能起到肃清“唯心主义的先验论、‘天才’论、唯心史观、人性论等”流毒的效用[③]。树立马克思主义认识论的观点，克服“唯心主义、形而上学的思想方法”。任继愈赞同列宁“哲学史就是整个认识的历史”的观点，在他看来，人类认识过程中有许多经验教训，哲学史有必要总结整个人类认识过程中的经验教训。对唯心主义，不能简单地宣布它为谬误，而是要挖掘它存在的社会阶级根源和认识论根源。（2）“辩证的革命的否定”是对待中国哲学历史遗产的态度。任继愈认为，中国哲学思想萌发于商周时期，延续发展两千余年，产生了许多光辉的唯物主义、辩证法和无神论思想，在世界哲学史上也是少有的。在他看来，马克思主义

① 任继愈主编：《中国哲学史简编》，人民出版社，1973年，第2页。

② 任继愈主编：《中国哲学史简编》，人民出版社，1973年，第4页。

③ 任继愈：《任继愈文集·〈中国哲学史简编〉绪论》（第6卷），国家图书馆出版社，2014年，第15页。

把辩证法应用于认识论，应用于认识的过程和发展，克服了形而上学唯物主义的根本缺陷，也在认识论上揭露了唯心主义的直线性、片面性和主观主义。对于中国哲学的历史遗产，需要用“辩证的革命的否定的”马克思主义世界观加以检验，批判分析，剔除糟粕，吸收精华[①]。（3）中国哲学思想是在中国的具体历史条件下发展起来的。《中国哲学史简编》把中国哲学史的发展过程概括为八章，朴素唯物主义的“五行说”是唯物主义的最早形态，是在与宗教唯心主义的斗争中产生的。

事实上，《中国哲学史简编》是在《中国哲学史》（四卷本）的基础上缩编而成的著作，其延续了《中国哲学史》（四卷本）以马克思主义为指导编写中国哲学史的原则。在“四人帮”影射史学的逆流之下，《中国哲学史简编》即使招致猜忌和责难，但仍然坚持不按儒法斗争史的主线编写中国哲学史，不参与所谓“评法批儒”的活动，其著作的内容重点仍然在于哲学思想，而不是“政治思想史”；仍然是力图对中国哲学史上的哲学思想、体系或流派给予符合历史实际的评价，始终坚持围绕“介绍中国哲学史上哲学体系或流派的思想内容，试图从认识发展史的角度对中国哲学史的发展规律有所体现”[②]。正是基于对唯物辩证史观指导中国哲学史研究的自觉，任继愈明确提出主编《中国哲学史简编》的任务，在于了解中国哲学史上人们由于不能以唯物辩证的态度对待认识的过程

① 任继愈主编：《中国哲学史简编》，人民出版社，1973年，第11页。

② 任继愈：《任继愈文集·〈中国哲学史简编〉绪论》（第6卷），国家图书馆出版社，2014年，第11页。

而犯的各种各样的唯心主义错误，在于了解辩证唯物主义怎样在认识论上批判和纠正了这些错误。而这项任务对任继愈来说，既是在"文化大革命"期间坚持中国哲学史研究的明确态度，又是深入中国哲学史研究的基本立场。与此同时，任继愈还借助新出土的文献资料帮助人们来认识中国哲学史上儒法斗争的历史真实。

（二）《孙膑兵法》的哲学思想与中国哲学史上的儒法斗争

中华人民共和国成立之后，随着大量竹简、木牍、帛书等出土文献的问世，使得中国哲学史研究增添许多新的内容。1972年4月，山东临沂银雀山出土竹简，失传两千年的《孙膑兵法》复现于世，可谓"地不藏宝"[①]。围绕这一竹简文献的研究，顺利地解决了长期以来关于《孙子兵法》和《孙膑兵法》的一个悬而未决的问题，即《孙子兵法》是春秋时期孙武的著作，而《孙膑兵法》是战国时期孙膑的著作[②]。对于这部分"新材料"，任继愈也是善加使用，以正确认识先秦历史上儒法斗争的真实历史，从而积极深入地推进中国哲学史研究。

春秋到战国之时儒法之争聚讼于国家一统的王霸之辩，孙膑直接服务于"争霸"天下，被儒家指摘是法家行列中"善战者服上刑"的人[③]。此外，在文献典籍里也往往把他的思想著作及个人

① 吴九龙、毕宝启：《山东临沂西汉墓发现〈孙子兵法〉和〈孙膑兵法〉等竹简的简报》，《文物》，1974年第2期。

② 《孙膑兵法》大致在汉末佚失，《隋书·经籍志》无著录。

③ 朱熹：《四书章句集注》，中华书局，1983年（2006年重印），第283页，"争

形象归为法家，且与法家的代表人物商鞅、吴起并列，《吕氏春秋》：“孙膑贵势”；《汉书·刑法志》：“春秋之后，灭弱吞小，并为战国，稍增讲武之礼，以为戏乐，用相夸视。而秦更名角抵，先王之礼没于淫乐中矣。雄桀之士因势辅时，作为权诈以相倾覆，吴有孙武，齐有孙膑，魏有吴起，秦有商鞅，皆禽敌立胜，垂著篇籍[①]”。

从出土文献来看，孙膑是孙武的后人，称“齐孙子”。孙武大致生活于礼崩乐坏的春秋，而孙膑与孟子、商鞅、吴起等同时，生活于大争之世的战国。《孙膑兵法》反映出当时战国七雄谋求统一天下的形势。

> 夫安万乘国，广万乘王，全万乘之民命者，唯知道者，上知天之道，下知地之理，内得其民之心，外知敌之情，阵则知八阵之经。见胜而战，弗见而诤，此王者之将也。[②]

《孙膑兵法》是对战国时期争霸战争的经验和规律进行总结的著作，万乘之国称雄称霸（齐、楚、燕、韩、赵、魏、秦，其中齐、楚、秦三国势力最强），都有问鼎天下的愿望，最后在法家耕战一体理论的指导下，秦国最终胜出。孙膑虽不像商鞅、韩非等提出系统的法家政治理论，但用其所学参与“争霸”天下的战争是不

地以战，杀人盈野；争城以战，杀人盈城。此所谓率土地而食人肉，罪不容于死。故善战者服上刑……”，朱熹注：“善战，如孙膑、吴起之徒。”

①〔汉〕班固著，〔唐〕颜师古注：《汉书》，中华书局，1962年（2014年重印），第1805页。

② 张震泽：《孙膑兵法校理》，中华书局，1984年，第65页。

争的事实。鉴于孙膑在当时儒法之争中发挥的历史作用，司马迁也把孙膑与商鞅、吴起并列，看成是法家一类的人物。

> 孟轲，邹人也。受业子思之门人。道既通，游事齐宣王，宣王不能用。适梁，梁惠王不果所言，则见以为迂远而阔于事情。当是之时，秦用商君，富国强兵；楚、魏用吴起，战胜弱敌；齐威王、宣王用孙子（孙膑）、田忌之徒，而诸侯东面朝齐。①

中国哲学史上的先秦时期，百家争鸣，确实存在儒法、儒墨、儒道等诸子之间的争斗，而儒法之争是诸子争鸣的重要组成部分。通过对新出土《孙膑兵法》竹简文献的研究，任继愈发现孙膑对直接推动解决王霸之辩的口舌之争起了巨大的历史作用，对正确认识先秦时期的儒法斗争形势具有学术意义，而孙膑之所以在战国时期儒法之争中发挥如此重大的作用，根源在于《孙膑兵法》中有丰富的辩证唯物主义哲学思想。因此，任继愈详细而具体地分析了《孙膑兵法》中所蕴含的唯物主义思想、辩证法思想和唯物主义认识论思想。

第一，《孙膑兵法》的唯物主义思想。任继愈认为，《孙膑兵法》的战争观和战略思想体现了孙膑的唯物主义思想。在战争观问题上，孙膑针对儒家鼓吹“仁义”“礼乐”的弭战主张，明确提出“战胜而强立”的思想。这一思想较之春秋时期《孙子兵法》的“兵者，国之大事，死生之地，存亡之道，不可不察也”，显然

---

① 司马迁：《史记》，中华书局，1959年（2006年重印），第2343页。

更切合战国这个“大争之世”的实际，只有获取战争胜利才能自存自强。《孙膑兵法》说：“战胜，则所以存亡国而继绝世也。战不胜，则所以削地而危社稷也。是故兵者，不可不察”[①]；又说：“战胜而强立，故天下服矣。昔者，神戎战斧遂，黄帝战蜀禄，尧伐共工，舜伐劂□而并三苗□管，汤放桀，武王伐纣，帝奄反，故周公浅之。”[②]孙膑列举三代的一系列历史事实作为依据，尖锐地指出圣人尚且无法避战，如今面对列国争霸、七雄并立的现实，一般的国君又“德不若五帝，而能不及三王，知不若周公”，却想通过“责仁义，式礼乐，垂衣常”，以达到“禁争夺”的目的，只能是一种幻想，根本无法做到”[③]。孙膑在客观地承认战无可避的现实之下，又深知用兵的利害。《孙膑兵法》认为：“夫乐兵者亡，而利胜者辱。兵非所乐也，而胜非所利也，事备而后动。”[④]应对战争和对待战争本身的慎重态度，是《孙膑兵法》包含的朴素而深刻的唯物主义思想。此外，在战略思想上，孙膑综合考量战争获胜的具体条件，提出“必攻不守”的积极战略思想。对待“敌众且武，必战，有道乎”的情况，孙膑说：“有。埤垒广志，严正辑众，避而骄之，引而劳之，攻其无备，出其不意，必以为久[⑤]。”《孙膑兵法》的这种思想与《孙子兵法》“兵者诡道也……卑而骄

① 张震泽：《孙膑兵法校理》，中华书局，1984年，第19页。

② 张震泽：《孙膑兵法校理》，中华书局，1984年，第20页。

③ 同上。

④ 张震泽：《孙膑兵法校理》，中华书局，1984年，第19页。

⑤ 张震泽：《孙膑兵法校理》，中华书局，1984年，第28页。

之，佚而劳之，亲而离之，攻其无备，出其不意”的思想类似，但孙膑在应对必战之敌人，不是采用孙武的“佚而劳之”，而是更加积极“引而劳之”地打击敌人。通过对《孙膑兵法》唯物主义思想的概括，任继愈指出在中国哲学史上，孙膑的兵法不仅有“尊重客观条件的唯物主义精神，也有发挥了人的能动作用的方面，所以值得重视”[①]。

第二，《孙膑兵法》的朴素辩证法思想。任继愈认为，朴素辩证法思想是《孙膑兵法》的另一“重要内容”，具体体现在战术思想上。孙膑在考量敌我双方优劣之处时，既看到优势中的劣势，又从劣势中发展优势。《孙膑兵法》：“故善战者，见敌之所长，则知其所短；见敌之所不足，则知其所有余[②]。”这就是孙膑战术上的“因势”思想，即善于因势利导，利用形势，《孙膑兵法》：“故战势，胜者益之，败者代之，劳者息之，饥者食之。故民见□人而未见死，道白刃而不旋踵。故行水得其理，漂石折舟。用民得其性，则令行如流[③]。”此外，孙膑除了善于“因势”制胜，还善于“造势”来打破战场平衡，避实击虚以致胜，《孙膑兵法》：“毋以积当积，毋以疏当疏，毋以盈当盈，毋以虚当虚，毋以疾当疾，毋以徐当徐，毋以众当众，毋以寡当寡，毋以佚当佚，毋以劳

① 任继愈：《任继愈文集·〈孙膑兵法〉的哲学思想》（第4卷），国家图书馆出版社，2014年，第357页。

② 张震泽：《孙膑兵法校理》，中华书局，1984年，第193页。

③ 张震泽：《孙膑兵法校理》，中华书局，1984年，第194页。

当劳[1]。”

第三，《孙膑兵法》的唯物主义认识论思想。任继愈认为，孙膑站在唯物主义的立场上认识形名关系，以辩证的态度对待战争的胜负。《孙膑兵法》曰：“有形之徒，莫不可名。有名之徒，莫不可胜。故圣人以万物之胜万物，故其胜不屈。战者，以形相胜者也。形莫不可以胜，而莫知其所以胜之形。形胜之变，与天地相敝而不穷。形胜，以楚越之竹书之而不足。形者皆以其胜者也[2]。”孙膑认为凡是有形质可名的都是具体的、“可胜”的。“圣人”之所以能以万物来克胜万物，就在于他善于掌握事物的性质，根据和利用具体事物的性质，解决具体事物存在的问题，所以才会“其胜不屈”。战争本身就是回到战争，利用一切可以利用的条件，“以形相胜”在具体的战争中获得战斗的胜利。而战争本身是具体可认识的，并非神秘抽象“莫知”的。以形相胜是认识到战争本身的规律，这才是决定战争胜败的关键。通过对《孙膑兵法》有关战争规律的认识，任继愈指出“孙膑的观点，应当看作战国时期唯物主义认识论”在军事科学领域的具体体现，《孙膑兵法》推动了战国时期的形名之辩的深入展开[3]。

运用历史唯物主义和辩证唯物主义的立场、观点和方法研究

---

① 张震泽：《孙膑兵法校理》，中华书局，1984年，第190~191页。

② 张震泽：《孙膑兵法校理》，中华书局，1984年，第193页。

③ 任继愈：《任继愈文集·〈孙膑兵法〉的哲学思想》（第4卷），国家图书馆出版社，2014年，第362页。

《孙膑兵法》，任继愈不仅实事求是地认识到“《孙膑兵法》是战国时期各诸侯封建国家争霸、争取统一的总形势下的产物”[①]，提取了《孙膑兵法》哲学思想中的合理内容，也辨析清楚了其中迷信和糟粕的东西。总之，任继愈始终坚持运用马克思主义开展中国哲学史研究，对于正确地认识先秦时期儒法斗争的历史真实颇有价值。尤其难能可贵的是，在当时儒法斗争疾风迅雨的逆境之下，任继愈坚持正确的研究方向，批判地认识中国哲学史上的具体问题，对于纠偏当时中国哲学史研究上的错误倾向具有直接的现实意义。

三、恢复中国哲学史的本来面目

“文化大革命”结束之后，中国哲学界一批学者对“儒法斗争史观”和“影射史学”理论集中进行了批判，急速地敲击着这种错误理论的丧钟[②]。而任继愈对它们所展开的哲学批判无疑是最具代表性的，其在1977年至1978年之间先后五次著文，对伪造历史的“儒法斗争史观”和“古为帮用”的“影射史学”展开严肃的理论

① 任继愈：《任继愈文集·〈孙膑兵法〉的哲学思想》（第4卷），国家图书馆出版社，2014年，第364页。

② 张岱年：《关于中国封建时代哲学思想上的路线斗争——批判“儒法斗争”贯穿两千多年的谬论》，《哲学研究》，1978年第3期；石峻：《有关中国哲学史研究方法论的几个问题》，《中国哲学史方法论讨论集》，中国社会科学出版社，1980年。

批判[①]。在任继愈看来，当前的中国哲学史研究要恢复正常状态并有所推进，面临的首要任务就是肃清“儒法斗争史观”的流毒和批判“影射史学”的历史唯心主义观，恢复中国哲学史的本来面目，而这是当前从事“中国哲学史工作者刻不容缓的责任”[②]。

（一）批判“儒法斗争史观”

“儒法斗争史观”支配下的中国哲学史研究，是把“儒法斗争”当作中国哲学发展的基本线索，主张以“儒法斗争”为主线来贯穿中国哲学史。“儒法斗争史观”对于中国哲学史研究的歪曲和篡改，最主要的表现就是肆意虚构历史和编造哲学史。面对这种荒唐至极的理论，任继愈依据“历史的真实”，对在“儒法斗争史观”支配下“落笔着墨最多”的虚构的秦汉之际“儒法斗争”的所谓历史，进行了多方面的澄清和说明以纠错而启民智，起到了恢复中国哲学史本来面貌的作用。

第一，任继愈针对“儒法斗争史观”所编造的秦汉之际的统一

---

① 任继愈：《历史的真实与骗子的虚构——批判“四人帮”关于秦汉之际“儒法斗争”的谬误》，《安徽劳动大学学报》（哲学社会科学版），1977年第4期；《秦汉的统一与哲学思想的变革——“四人帮”歪曲历史的罪证之一》，《历史研究》，1977年第6期；《批判“影射史学”，恢复哲学史的本来面目》，《哲学研究》，1978年第3期；《肃清“四人帮”流毒，发展社会科学》，《光明日报》，1978年3月30日；《对哲学史上的具体问题要作具体分析》，《红旗》，1978年第6期。这五篇哲学文献收录在《任继愈文集》第4、5、10卷。

② 任继愈：《任继愈文集·批判“影射史学”，恢复哲学史的本来面目》（第5卷），国家图书馆出版社，2014年，第17页。

是“复辟与反复辟的斗争”，把“汉承秦制”捏造成“法家路线”的观点，做出了澄清和说明。他指出，“先秦是存在过儒法斗争的，还有儒墨斗争，儒道斗争。春秋战国时代，诸子‘百家争鸣’，许多家之间都曾有过斗争。然而，秦汉之际，特别是两汉以后，‘百家’逐渐交融，儒道、阴阳、名法都在新的政治形势下，发生了变化，儒法逐渐合流，到了汉武帝时代，董仲舒被尊奉为正统，已经形成了一个统一的封建主义思想体系，从此以后，先秦‘儒法斗争’宣告结束”①。这段文字是要说明，先秦哲学史上确实是存在过儒法斗争，但同时也有儒墨、儒道之争，而儒法斗争只不过是诸子百家争鸣的一个组成部分。历史走到秦汉之际，特别是西汉之时，“汉承秦制”是“以秦为鉴”，汉初采用黄老哲学改弦更张，并不是推行“法家路线”。汉武帝独尊儒术，以董仲舒为代表的儒家被奉为正统，确立为统一王朝的主流思想体系，而参与争鸣的诸子百家在新的历史条件下日益合流，儒法之争亦是如此，这标志着先秦儒法斗争的结束。

第二，任继愈针对“儒法斗争史观”称《吕氏春秋》是反映“奴隶主复辟的书”、黄老哲学是“道表法里”的观点，做出的澄清和说明。他指出，“随着秦王朝政治上统一形势的逐渐形成，思想上也相应地要求统一，这种趋势在《吕氏春秋》一书中已见端倪。……《吕氏春秋》采取了先秦各家学说，拼凑起来，企图用它作为国家统一的指导思想。书中有儒、法、墨、农等许多学派的思想，各篇和各部分经常自相矛盾，构不成一个有机的

① 任继愈：《任继愈文集·历史的真实与骗子的虚构——批判“四人帮”关于秦汉之际“儒法斗争”的理论》（第4卷），国家图书馆出版社，2014年，第367~368页。

整体，因而也就实际上起不到统一思想的作用。真正作为秦王朝统一天下、治理国家的思想武器的是《韩非子》一书的思想”[①]，但是由于秦王朝的覆亡比较彻底地暴露出韩非哲学思想的问题，汉初“接秦之敝，诸侯并起，民失作业，而大饥馑。凡米石五千，人相食，死者过半。高祖乃令民得卖子，就食蜀汉。天下既定，民亡盖臧，自天子不能具醇驷，而将相或乘牛车”[②]。因此，统治者不得不改弦更张，尊奉“采儒墨之善，撮名法之要”的黄老哲学，而它的思想内容恰恰反映的是“百家交融、儒法合流”的趋势。

第三，任继愈针对“儒法斗争史观”把汉武帝看成法家代表的观点，做出的澄清和说明。他指出，“汉初开始的‘百家交融’和儒法合流的趋势，到了汉武帝时代，已经发展到了水到渠成的地步”[③]。汉初统治者虽然崇尚黄老治国，却并不排斥其他“治申、商、韩非、苏秦、张仪之言”的学派，反而吸收他们有利于统治的观点，出现了“百家”交融、逐渐合流的趋势。董仲舒的新儒学也正是在“兼采儒、墨、名、法等百家统一的新学派逐渐形成”的趋势下逐渐形成的，而这正符合汉武帝追求大一统的“思想意识”，更反映出儒法相互渗透、合流的趋势。

第四，任继愈针对“儒法斗争史观”把贾谊、晁错看成法家

---

① 任继愈：《任继愈文集·历史的真实与骗子的虚构——批判“四人帮”关于秦汉之际“儒法斗争”的理论》(第4卷)，国家图书馆出版社，2014年，第371页。

② 〔汉〕班固著，〔唐〕颜师古注：《食货志》，《汉书》，中华书局，1962年，第1127页。

③ 任继愈：《任继愈文集·历史的真实与骗子的虚构——批判“四人帮”关于秦汉之际“儒法斗争”的理论》(第4卷)，国家图书馆出版社，2014年，第376页。

代表的观点，做出了澄清和说明。他指出，贾谊言“仁义不施，而攻守之势异也”“汤武置天下于仁义礼乐，而德泽洽，禽兽草木广裕，德被蛮貊四夷，累子孙数十世……秦王置天下于法令刑罚，德泽亡一有，有怨毒盈于世，下憎恶之如仇雠，祸几及身，子孙诛绝，此天下所共见也”来总结亡秦教训；而晁错说“其行赏也，非虚取民财妄与人也，以劝天下之忠孝而明其功也”“其行罚也，非以忿怒妄诛而从暴心也，以禁天下不忠不孝而害国也”，以赏罚来实现忠孝治国的言论。由此来看，贾谊和晁错的思想明显地体现的是“百家交融”和“儒法合流”的迹象[①]。

概而言之，任继愈之所以对“儒法斗争史观”展开批判，其目的在于把搞乱的“事实予以澄清，颠倒了的是非重新摆正”[②]。在完成对“儒法斗争史观”批判之后，任继愈又紧接着对培育“儒法斗争史观”的错误史学理论展开了批判。

（二）批判“影射史学”

“儒法斗争史观”的理论得以出笼源自早先“影射史学”的理论实践。“影射史学”的粉墨登场最早始于1965年底，“批判《海瑞罢官》”是影射史学最早的恶劣先例[③]；1973年底之后“影射史

① 任继愈：《任继愈文集·历史的真实与骗子的虚构——批判“四人帮”关于秦汉之际“儒法斗争”的理论》（第4卷），国家图书馆出版社，2014年，第376页。

② 任继愈：《任继愈文集·秦汉的统一与哲学思想的变革——“四人帮”歪曲历史的罪证之一》（第5卷），国家图书馆出版社，2014年，第15页。

③ 杨春贵主编：《中国哲学四十年》，中共中央党校出版社，1989年，第283页。

学”愈演愈烈，“批林批孔”运动可谓其登峰造极的表现。其在思想文化上的危害极甚，不仅歪曲和篡改真实的历史，更严重污染和荼毒着中国哲学史研究正常的“生态”，而“儒法斗争史观”就是这一土壤中结出的“恶果”。因此，“文化大革命”刚刚结束，任继愈在批判“儒法斗争史观”之后，继而撰写《批判“影射史学”，恢复哲学史本来面目》一文，从理论上彻底清算其谬误及其给中国哲学史研究造成的严重混乱。此外，该文尤其值得注意之处在于文末的附记，它列举出了六位参与讨论并定稿此文的学者，有孔繁、汝信、李泽厚、周继旨、杜继文、钟兆鹏[1]。由此可见，任继愈批判影射史学，恢复中国哲学史的本来面貌的意见，代表着当时学界一批从事哲学史研究的学者们的共同心声，得到了他们的拥护。那么，这个以任继愈为代表的哲学家群体所赞同，并且要恢复的“哲学史的本来面目”究竟是什么呢？

第一，重申中国哲学史的研究对象，否定“儒法斗争”作为中国哲学史的研究对象。“影射史学”把“儒法斗争”看作是中国哲学史的研究对象，这是其对中国哲学史歪曲和篡改的最主要表现。为了恢复中国哲学史的本来面目，以任继愈为代表的哲学家群体重申了中国哲学史的研究对象，指出中国哲学史研究仍应该着眼于哲学世界观，通过对“唯物主义与唯心主义、辩证法与形而上学斗争的研究与阐述，哲学史应当反映出人类认识日益深化的辩证发展，总结出理论思维的经验教训，阐明马克思主义哲

① 任继愈：《任继愈文集·批判“影射史学”，恢复哲学史的本来面目》（第5卷），国家图书馆出版社，2014年，第34页。

学基本原理的无比正确”[①]。他们指出，“影射史学”臆造“尊儒必反动，反儒必进步；尊法必进步，反法必反动”的公式，捏造出“一个持续两三千年之久，以儒家为一方，以法家为一方的所谓儒法斗争”，不仅在事实上是虚构的，而且在理论上也是荒谬的，它既不能揭示“哲学唯物主义与唯心主义的实质”，也不能阐明“哲学发展的规律”，更无从体现“人类认识日益深化的辩证发展过程”[②]。

第二，重申历史唯物主义，反对历史唯心主义。历史唯物主义是从“物质生活的生产方式”与“时代的经济学中”探究哲学思想产生及其发展的动因，进而阐明哲学与社会变迁之间的客观联系，从而揭示哲学思想发展的内在逻辑和历史进程。而“影射史学”对历史唯物主义基本原理的篡改，主要表现在以下两个方面：（1）“影射史学”把“儒法斗争”看成是推动中国两千年来历史发展的根本动力，把社会变迁、政治变革的终极原因归结为精神领域或意识形态，极力夸大“法家路线”的作用，否定人民群众创造历史的主体性。（2）“影射史学”炮制而出的“儒法斗争史观”认为只有儒家对人民进行“残酷的经济剥削和政治压迫”，而“法家”则是“爱人民”，儒家路线是导致农民起义的根本原因。面对“影射史学”公然违背唯物史观的荒谬，以任继愈为代表

① 任继愈：《任继愈文集·批判“影射史学”，恢复哲学史的本来面目》（第5卷），国家图书馆出版社，2014年，第19页。

② 任继愈：《任继愈文集·批判“影射史学”，恢复哲学史的本来面目》（第5卷），国家图书馆出版社，2014年，第20页。

的哲学家群体重申了历史唯物主义是指导中国哲学史研究的基本原则。他们指出，"哲学史作为研究认识发展史的一门学科，必须很好地认真地研究社会阶级斗争对哲学发展的影响。研究中国哲学史必须认真研究农民与地主阶级斗争对中国哲学发展的影响"[①]，从而旗帜鲜明地发出了反对历史唯心主义，恢复中国哲学史研究本来面目的声音。

第三，重申马克思主义，反对实用主义。马克思主义是包含辩证唯物主义与历史唯物主义、政治经济学和科学社会主义的科学学说，它是以解放被侮辱、被损害的无产阶级及至全人类为目标的科学理论体系，它不仅仅取决于科学的理论解释，更取决于其自身的客观内容和科学本性。而"影射史学"则以实用主义的方法来歪曲和篡改马克思主义，使本来科学的中国哲学史研究沦为干政、乱政的工具。以任继愈为代表的哲学家群体认为，"影射史学"最为显著的实用主义表征有四个方面：（1）打着"古为今用"的招牌，干"古为帮用"、篡国谋权的勾当。[②]（2）提倡"有用即真理"，一切都从主观需要出发，以服务自身利益为标准来编造历史。[③]（3）高嚷"联系实际为政治服务"，阉割马克思列宁主义、毛泽东思想的灵魂，随意肢解"辩证唯物主义和历史唯物主

① 任继愈：《任继愈文集·批判"影射史学"，恢复哲学史的本来面目》（第5卷），国家图书馆出版社，2014年，第25页。

② 任继愈：《任继愈文集·批判"影射史学"，恢复哲学史的本来面目》（第5卷），国家图书馆出版社，2014年，第30页。

③ 任继愈：《任继愈文集·批判"影射史学"，恢复哲学史的本来面目》（第5卷），国家图书馆出版社，2014年，第30~31页。

义的体系”，运用“断章取义、摘取只字片语的手法，骗人、吓人、压人”，把哲学史当成篡党夺权的工具。[①]（4）不对哲学史上的问题做具体分析，抛弃具体条件，抽去阶级内容，滥用“抽象类比”，大搞“影射比附”[②]。面对“影射史学”这种滥用实用主义，背离真正的马克思主义的情况，他们重申“马克思主义使历史成为科学，它指出了社会历史发展的方向、规律。只有马克思主义的历史学敢公开讲明为无产阶级的根本利益服务，并经得起实践的考验”，从而恢复了运用马克思主义阐发“中国哲学史的发展规律”的正当性。[③]

总而言之，任继愈赞同运用“历史唯物主义的观点”研究中国哲学史，否定用“历史唯心主义”来任意篡改中国哲学史；赞同运用马克思主义总结中国哲学史上的经验教训，反对滥用实用主义来臆造编制中国哲学史。“文化大革命”结束后的1977年至1978年之间，任继愈的中国哲学史研究侧重于从理论上肃清“儒法斗争史观”和“影射史学”的流毒，从而为新时期的中国哲学史研究恢复实事求是的治学精神做出了贡献，为中国现代哲学重新走上健康的“求真”之路扫清了思想障碍。

---

① 任继愈：《任继愈文集·批判“影射史学”，恢复哲学史的本来面目》（第5卷），国家图书馆出版社，2014年，第31页。

② 任继愈：《任继愈文集·批判“影射史学”，恢复哲学史的本来面目》（第5卷），国家图书馆出版社，2014年，第32页。

③ 任继愈：《任继愈文集·批判“影射史学”，恢复哲学史的本来面目》（第5卷），国家图书馆出版社，2014年，第30页。

小 结

1958年至1978年之间的“文化大革命”前后，任继愈的中国哲学史研究在磨难之中砥砺前行。始终坚持并固守马克思主义对于中国哲学史研究的科学性，是这一时期任继愈的中国哲学史研究得以生成的关键。

1958年至1966年“文化大革命”前夕，主编《中国哲学史》（四卷本）是任继愈中华人民共和国成立初期在中国哲学史研究方面探索的系统总结，是任继愈在接受马克思主义指导中国哲学史研究之后的总结性成果。1966年至1976年的“文化大革命”期间，“影射史学”理论支配之下的“儒法斗争史观”猖獗一时，正常的中国哲学史研究遭遇干扰而陷于困顿之中，受此影响，任继愈的中国哲学史研究只能在时断时续之中艰难推进，而《中国哲学史简编》和《孙膑兵法》哲学思想的阐发，则表明他并没有屈服于来自外界的风刀霜剑的威胁，而是选择坚持和捍卫中国哲学史研究的科学性，坚持和固守唯物辩证法对于中国哲学史研究的正确性，坚持和维护中国哲学史研究的准确性，从而为中国现代哲学走出困境储备了思想驱动力。然而，当“文化大革命”的风暴过去，面对中国哲学史界领域的一片狼藉，任继愈的中国哲学史研究的首要工作就是清理这些思想垃圾，以难能可贵的智慧之思泽被后继者。

总而言之，“文化大革命”前后政治环境对任继愈的中国哲学史研究确有影响，一度干扰和打断了他对中国哲学史研究的深入开展。然而，挫折与磨难绝没有撼动和改变任继愈坚持实事求是中国哲学史研究的原则。事实上，也正因为对这个时期中国哲学史研究的混乱状况有着切肤之感，任继愈在改革开放之后面对诸多新情况时仍然能够保持文化自省和哲学探究。

余　论

本章之所以梳理出“文化大革命”前后任继愈的中国哲学史研究之生成过程，目的在于认识任继愈的中国哲学史研究所做出的贡献，进一步探讨任继愈的中国哲学史研究对于当代中国哲学的价值。

第一，《中国哲学史》（四卷本）既是中国社会发展的需要，也是中国哲学史学科自身发展的需要。社会转型背景之下的西学东渐带动现代学科知识体系的更新，进而引发中国哲学学科范式的更迭和创新。这一时期，任继愈主编的《中国哲学史》（四卷本）是对“五四”以来如何书写中国哲学史“信史”问题做出的总结和回应，是继中国哲学史研究上“信古”“疑古”“释古”模式之后的新发展。《中国哲学史》（四卷本）作为运用马克思主义研究中国哲学史的代表著作，是中华人民共和国成立后第一部中国哲学史通史类著作，不仅开启了运用马克思主义的立场、观点和方法系统研究中国哲学史的先河，而且还极大地拓展了中国哲学史研究的深度和广度，成为中国现当代哲学研究一座绕不开的高峰。《中国哲学史》（四卷本）以马克思主义哲学的立场、观点和方法认识和整理中国哲学史，运用马克思主义的新世界观开掘出中国传统哲学中长期被忽视的唯物主义和无神论传统，重在梳理中国传统哲学中所蕴含的社会政治思想、唯物论、辩证法等内容。这样的哲学探究对于任继愈来说，不仅意味着他彻底完成了新哲学观的转变，也显出他寻找到了重新正确认识中国哲学史的新路径。它揭示出马克思哲学精髓与中国传统哲学精华的可通约性和内在一致性，确证马克思主义哲学指导下的中国哲学史研究是中国现当代哲学自身逻辑发展的必然环节。

马克思主义的精髓是实事求是，把马克思主义哲学的精髓内化于中国哲学史研究之中，清楚地表明实事求是为中国哲学得以存在的逻辑前提。坚持客观对待、辩证分析任继愈的中国哲学史研究，而不是任性而随意地否定之，这样可以避免中国现代哲学史认识环节上的缺失，可以避免中国现代哲学走入虚无之境地，可以回应对中国哲学合法性的鼓噪质疑之声。

第二，补缺“文化大革命”时期中国哲学史研究认识上的不足。运用历史唯物主义的分析方法是基于历史与逻辑的展开过程来认识中国哲学史。而这种论述风格和行文方式具有特定的时代印记，或许这是今天学界“逢马必反”的学者和一般读者们普遍拒斥的。但需要善意提醒的是，仅仅因一时的风气流变，便将那个时期哲学家的研究思路、修辞用语、学术规范等彻底抛弃，显然是不恰当的。今日今时，我们在看待“文化大革命”时期的中国哲学史研究，要么是“满纸荒唐言”的否定，要么是“一把辛酸泪”的斥责。总之，学界对“文化大革命”时期中国哲学史研究的客观认识很是缺乏，往往是全面否定的评价居多。有些学者说，“‘文革’十年间，中国哲学史学科完全脱离了学术研究的轨道，丧失了作为一个学科的独立性，沦为政治的婢女。中国哲学史研究之陷入歧途与‘文革’的发生一样，并非空穴来风，而有其内在的逻辑，这种逻辑甚至可以说十分严密，两者都是‘文革’前越来越严重的极‘左’思潮的一个合乎逻辑的结果。这种逻辑只有在它所蕴含的全部必然结论都展示出来以后，人们才能认识到它的荒唐和荒谬，才能认识到改弦更张的必要性。[①]”诚然，笔者也承认这种认识有一定的合理性，毕竟这一时期的中国哲学史研究确实受到不正常的政治生活的强力干扰，在这种背景下提出的“儒法斗争”史观确实严重制约着中国哲学史研究的正常进行，但就此完全否定这一时期的中国哲学史研究也存在着研究不全面、不透彻而衍生出的问题。

之所以质疑这种声音，只是因为我们能够理性地知道历史真实往往具有多维度的面相，偏执地认识其中部分事实而忽略其他历史真实，就存在遮蔽和草率地对待中华人民共和国成立前三十年中国哲学史研究的风险。有鉴于此，弄清楚“文化大革命”前后任继愈的中国哲学史研究之生成过程，有助于正本清源和补缺当前对“文化大革命”时期中国哲学史研究认识上的不足。从任继愈在“文化大革命”前后（1962—1976）对中国哲学史研究所做出的贡献中，我们也可以清楚地看出这一时期中国现代哲学的求真之路是不能

---

① 乔清举：《当代中国哲学史学史》（下册），上海古籍出版社，2014年，第393页。

完全否定的。全面反思“文化大革命”时期的中国哲学史研究，不是一个简单的否定了之的问题，需要我们重新认识到，中国现代哲学求真之路上用马克思主义指导中国哲学史研究的学术成果和不足；需要我们重新认识到，当下中国现代哲学求真之路上应该实事求是地对待中国哲学史研究，还是某种否定或虚无地对待中国哲学史研究。毕竟对于几代努力运用马克思主义的立场、观点和方法指导中国哲学史研究的学者，以后以“批判地继承”的方式来看待和清理中国传统文化精华和糟粕的学者而言，这种学术路径是关涉他们自身文化使命和学术生命的致思，这也是他们与时代同行、切身体验、观察思考和对待处理问题的世界观和方法论，是他们社会理想、人生价值信念的归趋，更是他们的自我生存之法和生活原则。

第四章 改革开放后任继愈的中国哲学史研究

20世纪70年代末期，伴随着改革开放所引爆的思想解放和巨大的社会变革，实事求是的精神重回神州大地，“求真”再次成为中华民族谋求发展的共知与共识。诚如朱伯崑、方克立两位学者所言，这一时期是“重新回到实事求是的马克思主义”[①]和“重新回到实事求是的马克思主义思想路线上来”的时期[②]。然而，与此同时相伴随的还有对“文化大革命”的反思和西学返潮的涌动，80年代“文化热”呈现出火爆异常的热闹景象，尤其是来自海外及港台的所谓新儒家“文化复兴”的反哺，提出中华民族宗教信仰的议题，把“儒学宗教性”的话语渐次地输入致力于现代化的中国社会。他们与中华人民共和国成立后仅存的“新儒家”代表人物遥相呼应，宣扬儒学的人本主义和人道主义，从而使儒学宗教化的思想冲动日

---

① 朱伯崑：《中国大陆五十年来中国哲学史研究》，《朱伯崑论著》，沈阳出版社，1995年，第25页。

② 方克立：《方克立文集·中国哲学史研究五十年》，上海辞书出版社，2005年，第367页。

益突显出来[1]；90年代苏联的解体，苏联主导的社会主义阵营轰然倒塌，历史终结论甚嚣尘上，西风压倒东风。当代中国在综合复杂的文化和政经发展情势之下逆风而行，在对“文化热”的沉潜反思之余，学术理性得以复归，继而发现西方的丑陋，但在一些仍沉溺于极端“国学热”而不能自拔的力量的推动之下，重建“儒教”行动的儒学宗教社会化运动呼之欲出，终于付诸社会实践。

正是在此思想激荡的历史背景之下，改革开放之后的中国哲学史研究步入了一个繁荣发展的黄金时代，中国哲学史研究取得了可资瞩目的成就。那么，这一时期任继愈的中国哲学史研究又是如何开展的呢？回望当代中国哲学的发展进程，任继愈的中国哲学史研究都始终坚持马克思主义的立场、观点和方法，践行认识中国哲学本来面目的方向。在经过半个多世纪的哲学探究之后，任继愈的中国哲学史研究厚积而薄发，终于为创建中国特色社会主义的新文化给出了具体深入且富有启发性的阐述，从而为分清中国传统文化的精华与糟粕开辟了道路，为建设中国特色社会主义新文化提供智慧之思，为中华民族的哲学发展探究新的方向。

由于改革开放之后，任继愈为中国文化“除旧布新”所做的贡献尚不广为人知和被人理解，故而本章意在以这一时期任继愈在中国哲学史研究上颇有代表性的著述作为研究对象，以期认识这一时期任继愈的中国哲学史研究生成的脉络，以及这些哲思对中国传统文化自觉、自省和自信的当代价值。在此，笔者想借助任继周评说其兄之言来表达和重温一种敬意，“他为了把中国传统文化与马克

① 杜维明：《一阳来复》，上海文艺出版社，1997年，第374~375页。

思主义嫁接为一棵有生命的大树，用尽了最后的气力”[①]。

一、“儒教是教”说

中国哲学的发展进程往往从“生于忧患”的历史经验反思中汲取前进之动力。对于中国现代社会而言，“文化大革命”无疑是中国现代化探索道路上的一个重大历史事件，它因何发生、产生了什么样的经验与教训等一系列问题折磨并困扰着从这场苦难中走出来，并开始逐渐反省的人们，同时，也推升着中华民族的新文化走向自觉、自省和自信。事实上，对之展开的反思既有代表党和国家总体反思性质的《关于建国以来党的若干历史问题的决议》，也有从“文化大革命”发动者的个人原因和“理性的疯狂”角度展开论证来查究因果，更有从社会制度及其运行机制去寻求答案，等等。这样的反思过程使人们逐渐认识到，“文化大革命”的发生是在各种因素合力作用之下激变而出的结果，而其中最生活化、最表面化又最深沉的动因，却深藏于那漫长而历史悠久的中国传统文化之中。在这一点上，任继愈不仅仅是这一事件的亲历者、见证者，更是一位运用马克思主义研究中国传统文化和宗教问题的哲学反思者，他反思“文化大革命”而追究当代中国封建主义问题之责，提出“儒教是教”说，无疑是对传统文

① 任继周：《马克思主义与中国传统文化嫁接的苦行者——为纪念任继愈百年诞辰而作》，《永远的怀念：任继愈先生百年诞辰纪念文集》，国家图书馆出版社，2016年，第53页。

化的哲学反思，以及极其深刻的文化自觉。

（一）“儒教是教”说提出的动因

唯物史观给人们社会生活和历史发展带来正确的认识，特别是给处在封建势力和资本奴役、压迫下的中华民族实现自我解放的斗争指明了明确的方向。那么，中华民族要准确认清当代中国所面临着的政治、经济和文化上的复杂现象，又不至于被偏见和错误理论所蛊惑而迷失自我，就非常有必要掌握唯物史观这一“金针”。因此，改革开放之初的马克思主义求真精神之回归便绝非偶然，而对于致力于运用马克思主义以解决中国文化问题的任继愈来说，对“文化大革命”的认识和反思构成了其哲学思想嬗变上的重要节点，是影响其这一时期中国哲学史研究的逻辑支点。对这个切要问题的反思，让任继愈认识到中国的封建主义根深蒂固，而“文化大革命”的出现正是封建主义流毒未能彻底清算的结果。为此，他分别从经济、政治和思想三个维度分析总结了中国文化之中的封建主义顽固存在的原因。

第一，封建主义根深蒂固的经济原因。任继愈认为“封建的经济结构决定了封建社会的社会性质”，自战国至鸦片战争两千多年的中国封建社会得以存在的主要原因就是经济原因，而“封建经济”作为一种自然经济，其经济组织架构以家庭为单位，一家一户的男耕女织是它基本的生产方式，也是生活方式。这种“小农经济”的发展模式“不能够大规模高速度地发展生产”，且难以持久，尤其是一定时期之后就会产生土地兼并和两极分化的后果，进而引发社会动乱。而且，这一情况直到鸦片战争之后仍然没有多大改观，“半封建半殖民地社会的封建的经济势力、政治势力、文化传统非常强大，资本主义势力十分薄弱”。至中华人民共和国成立初期顺利完成土地改革、资本主义工商业改造，变革所有制之后，人们就自认为“私有制的根子已经拔除，意识形态的残余势力容易解决”，就放松对统治中国数千年的封建主义危害性的认识，产生出了对其麻痹轻敌的思想[①]。在经济生产方面，封建小农经济的发展不考虑成本核算问题，而中华人民共和国成立以来的社会主义建设却仍然把不计成本、不要成本核算也当作“社会主义优越性”来坚持，把封建社会的经营管理方式当作社会主义的经济原则来贯彻，结果因经济建设“不算经济账”而吃了大亏。故此，任继愈指出，中华人民共和国成立以来的社会主义正是在这种更多的封建主义和较少的资本主义的基础上建立起来的。封建主义的历史残余潜藏于社会主义制度之下，根深蒂固的“封建主义影响，千万不能小视”[②]，而“文化大革命”时期的“四人帮”篡党夺权正是这种封建历史残余势力的大暴露。他们“批判物质刺激，反对改善人民群众的物质生活，宣扬穷了是社会主义，富会出现修正主义”，有意识地把“封建主义当作社会主义来宣传提倡，把社会主义的东西当

① 任继愈：《任继愈文集·漫谈封建主义与社会主义》(第9卷)，国家图书馆出版社，2014年，第15页。

② 任继愈：《任继愈文集·关于中国封建主义的问题》(第9卷)，国家图书馆出版社，2014年，第1~2页。

作资本主义来加以批判和反对”[1]。加之，当时的广大干部和群众对“封建社会的影响认识不够”，分不清也不善于区别封建主义、资本主义和社会主义的差异，结果就容易上当受骗。这正说明我们“背上的封建主义包袱太重，中毒也太深”[2]。

第二，封建主义根深蒂固的政治原因。任继愈认为秦汉之后中国的“封建统治不断加强”，历代封建统治者均不断加强中央集权，采取一系列政治措施来巩固封建体制，而国家的权力从集中到中央政府再到集中到皇帝个人，臣属和民众的地位越来越低。“臣对君，民对君，都只能绝对服从，没有平等的关系。只有君选择臣、民的权利，而臣、民没有选择君的权利”，臣、民要对君主无限绝对忠诚，而君主则无须对其负责[3]。这就意味着在封建社会之下，人格独立的个人不可能存在，任何个人都只是封建主义的附属品。在这样对君主的无限忠贞、绝对服从和盲目崇拜的社会里，没有个人的自由和权利，君主既是人，也是神，具有绝对至高无上的权威。再加之封建社会小农经济之下产生的家长制传统的影响，中国在进入社会主义之初，人们还没有养成运用民主权利的习惯，也不善于区别封建社会的上下级关系与社会主义制度之下的上

① 任继愈：《任继愈文集·关于中国封建主义的问题》（第9卷），国家图书馆出版社，2014年，第7页。

② 同上。

③ 任继愈：《任继愈文集·关于中国封建主义的问题》（第9卷），国家图书馆出版社，2014年，第4页。

下级关系，这就造成了“家长制”与“一言堂”能够通行无阻[①]。而“文化大革命”时期被“四人帮”当作“社会主义道德宣传”的“三忠于”“四无限”就是封建社会里臣、民对于君的关系，他们“片面地要求下对于上绝对的忠，上对于下则不负任何责任，不受什么约束”正是封建主义的变种。因此，任继愈指出，像这些“封建主义的东西，只有经过彻底地、长期反复地清算和批判，才能清除掉”，但由于“中国的社会主义没有经过完整的资本主义阶段，是从半殖民地半封建社会一下子跳到了社会主义，这就不免把封建社会的很多东西不知不觉地带到社会主义来，当作社会主义的好东西”[②]，而大多数的革命群众和干部，由于对封建主义认识不足，也容易把封建主义当作社会主义，这样就给社会主义事业带来了很多困扰和麻烦。

第三，封建主义根深蒂固的思想原因。任继愈认为，替封建制度服务的思想体系与封建制度本身密切配合，形成了具有中国特点的封建社会的意识形态。维护封建制度的“君为臣纲”“父为子纲”和“夫为妇纲”的“三纲”思想，就是从伦理和道德方面来巩固封建制度，而宋元之后把《大学》这本书作为国家的教科书，讲修身、齐家、治国、平天下，更是把封建社会一家一户的小生产体系哲理化、理论化，向全国灌输[③]。尽管“五四”时期的新文化运

① 任继愈：《任继愈文集·关于中国封建主义的问题》（第9卷），国家图书馆出版社，2014年，第5页。

② 同上。

③ 任继愈：《任继愈文集·漫谈封建主义与社会主义》（第9卷），国家图书馆出版社，2014年，第20页。

动起到了对这个封建旧传统的批判和否定的作用，但这次思想解放并没有与封建主义划清界限，没有把反封建的任务进行到底[①]。而中华人民共和国成立之后，马克思主义引导社会主义建设虽然取得很大成就，但封建主义学习方法的余毒仍然影响至深，马列主义的理论并没有得到健康的发展，没有把“马列主义真正作为一个研究对象”，只是认为“马克思绝对正确”，总是按照“经典作家的每一句话、每一个结论都是对的”固定程式来写辩论和批判性的文章[②]。据此，任继愈指出，封建社会的学习是读经，学习方法是背书，对四书五经要读、要背、要体会它的意义，但不能发挥个人的观点。封建社会“代圣立言”的八股考试，就是把圣贤的话拿来发挥和注释，经书上讲的道理只能照办，不准怀疑。那么，这种用“封建主义的学习四书五经的方法来学习马克思主义”，就是封建主义的学习方法；“用封建主义方式学不到马列主义”，而它造成的后果极其严重，代价极其高昂，就是当前面临着“马列主义水平不高的荒凉局面”[③]。

总而言之，对于“文化大革命”何以发生的反思和研究，让任继愈深刻认识到封建主义的现实危害性。而他发现林彪和“四人帮”打着社会主义的旗号大搞封建主义的一套，其在“文化大革

① 任继愈：《任继愈文集·关于中国封建主义的问题》（第9卷），国家图书馆出版社，2014年，第11页。

② 任继愈：《任继愈文集·漫谈封建主义与社会主义》（第9卷），国家图书馆出版社，2014年，第21页。

③ 同上。

命”期间的理论表现往往是假手“封建的材料”，借助怀古、思古和复古的方式来歪曲篡改马克思主义，其思想表征具有强烈“封建主义的烙印”。由此，他认为“文化大革命”的发生是中国传统文化之中“封建主义历史残余势力”未能彻底认识的结果，至于这个所谓“封建主义历史残余势力”的核心内容就是儒教，它已成为阻碍实现现代化的极大思想障碍。为此，任继愈专门撰文论说中国哲学史研究上长期存在的，并且一直被人视而不见的儒教问题，从学理上分析了在中国传统社会土壤之中得以滋育生长的儒教这一关涉全面反思和认识中国传统文化性质的命题。

（二）儒教是宗教

任继愈专论儒教问题的哲学思想，主要集中于他所撰写的《论儒教的形成》《儒家与儒教》《儒教的再评价》《朱熹与宗教》《从程门立雪看儒教》和《中国的国教》等哲学文献之中，而这些著作重点探讨的核心在于运用唯物史观分析董仲舒和程朱哲学的特质，重点考察孔子的学说如何在董仲舒、二程和朱熹的改造下发展成为儒教，从而使儒教的历史轮廓初步清晰地呈现出来。

第一，董仲舒的“新儒学”。任继愈在论述董仲舒的“新儒学”时，认为董仲舒的新儒学是一种“天人感应”神学目的论的宗教。它在汉代之时首先由董仲舒倡导，得到汉武帝的支持，实施“罢黜百家，表彰六经”的措施，逐步使之成为汉王朝的国教。他说汉代的儒教是“按照地上王国的模特儿塑造了天上王国，然后又假借天上王国的神意来对地上王国的一切活动发指示。这就是汉代从董仲舒到白虎观会议的神学目的论的实质”[①]。事实上也确如其所言，以董仲舒为代表的汉代儒学，非常明确地把“天”当作自己精神世界中的最高存在。“天者，百神之大君也”，把“天”视为是有意志的、能够赏善罚恶的至上神[②]；“察于天之意，无穷极之仁也”，把“天”视为是有道德属性和人性的人格化之神[③]。那么，这个“天”的意志所维护之对象，无非就是地上封建君主专制王朝的“三纲”学说，也正是宣扬“王道之纲，可求于天”的思想实质。“天子者，则天之子也”[④]，执掌地上王权的君主，代表着的是“天”，君权来自神授，政教一体的历史传统在汉代得以复现。由此，任继愈判定董仲舒创立的“新儒学”是一种神学，具备着“儒教的雏形”。[⑤]

第二，程颢与程颐理学的特质。对于程颢与程颐理学的特质，任继愈指出程颢“定性说”与禅宗的宗教修行在精神及方法取向上一脉相承，“所谓定者，动亦定，静亦定，无将迎，无内外”，即是禅宗的“运水搬柴，无非妙道”。区别在于禅宗在“运水搬柴”中修行解脱而获得最终的出世涅槃，而程颢“定性说”主张君子为学当效法天地、圣人“廓然而大公，物来而顺应”，不为人情所蔽，不自私用智，进

① 任继愈：《任继愈文集·论儒教的形成》（第8卷），国家图书馆出版社，2014年，第7页。

② 苏舆撰，钟哲点校：《春秋繁露义证》，中华书局，1992年，第398页。

③ 苏舆撰，钟哲点校：《春秋繁露义证》，中华书局，1992年，第329页。

④ 苏舆撰，钟哲点校：《春秋繁露义证》，中华书局，1992年，第399页。

⑤ 任继愈：《任继愈文集·儒教的再评价》（第8卷），国家图书馆出版社，2014年，第43页。

而达到内外皆忘，澄然定明的状态。在纯净内心和自我反省之中正心诚意追求入世的圣贤境界。在比较程颢“定性说”和佛教禅宗的修行之后，任继愈也分析了程颐理学的特质，认为“程颐的《颜子所好何学论》是一篇典型的宗教修养方法论，是一篇宗教禁欲主义的宣言书”[①]。任继愈之所以做出这样的论断，在于发现二程所学相近，程颢提出“君子为学”问题根本所在，把君子为学的路径规定为“须先识仁”然后“诚敬存之”，而程颐则提出“正心”“养性”，论证君子该如何治学的问题。而在《从程门立雪看儒教》一文中，任继愈进一步深入探究了二程的治学方法，其所依据的文献材料是《伊川学案》《明道学案》《上蔡学案》所载二程对治学之道的论述[②]。任继愈认为，程门培养学生大致有两类知识，一种是知识教育，另一种是德行知识。程颐的治学之道可概括为：“涵养须用敬，进学在致知。”所谓“进学”属于知识教育范畴，包括读书、讲史、体会儒经中的道理，以读书为门径达到成圣贤的目的[③]。所

① 任继愈：《任继愈文集·论儒教的形成》(第8卷)，国家图书馆出版社，2014年，第15页。

② 任继愈：《任继愈文集·从程门立雪看儒教》（第8卷），国家图书馆出版社，2014年，第101~102页。“伊川见人静坐，便叹其善学”（《伊川学案》）；“明道终日坐，如泥塑人”（《明道学案》）；“往扶沟见明道，受学甚笃。明道一日谓之曰：尔辈在此相从，只是学某言语，故其学心口不相应，盍若行？请问焉。曰：且静坐。”（《上蔡学案》）

③ 任继愈：《任继愈文集·从程门立雪看儒教》（第8卷），国家图书馆出版社，2014年，第102页。“《二程遗书》中关涉儒家经典的注解、阐发盖属此类。比如《程氏易传》是属于二程释经的代表作，再比如对《论语》、《孟子》、《大学》、《中庸》的解释，亦属于二程学习知识的范畴。”

谓“涵养须用敬”则是一种德行知识教育，在于培养学生的德行，通过“敬”之工夫，体会圣贤的精神升腾变化之境界。通过对二程治学之道的分析，任继愈认为，进学与涵养是二程治学皆不可偏废的根本路径，其中尤以程颐为甚，两者相较，程颐更注重“涵养须用敬”的工夫。任继愈指出，程颐之所以重视《中庸》“喜怒哀乐未发谓之中，发而皆中谓之和”的原因在于教授学生学会静坐、反思、体悟圣人“中和”气象是一种自我调适内心的精神训练法，可以达到一种既不刻意思虑，又不知不觉思虑而得意的精神愉悦效果，而正是通过这种精神训练法的操作而达到心理上的平衡安稳，保持精神上的愉悦安宁。

任继愈通过对二程理学精神训练法的分析，揭示出他们与佛教“禅定”，道教“坐忘”异曲同工的类同妙处。所谓“异曲”和“类同”在于，佛教、道教之精神修炼在于导人脱离社会关系，疏离家庭人伦关系，是堕入“空门”而“出世”之路途，而二程的精神修炼法在于既超越凡俗的精神境界，又重视要以这种精神境界为纽结而积极入世求活，注重个性身心之修养而超越世俗之精神境界参与治国平天下的现实生活，把内在精神超越与外在事功之道融为一体，从而实现“内圣外王”的完美人生价值之路径。任继愈通过程颢《答横渠先生定性书》、程颐《颜子所好何学论》两文的比较，找出二程由佛入儒、化禅宗修行为自己修身定性的治学之道形成的脉络。任继愈指出，二程是北宋儒教的奠基者，他们两人的不懈实践，建立了修身定性的治学法门，确立了成圣的终极目标，他们以其贡献儒门之功确立了在北宋儒学洛学学派的领袖地位。

第三，朱熹理学的特质。对于朱熹理学的特质，任继愈指出朱熹哲学思想的本质是一种宗教哲学，“朱熹的思想体系属于宗教，他的哲学思想是为他的宗教体系服务的”[①]。任继愈之所以这样认为，是基于对朱熹理论体系剖析的结果。他指出，朱熹理论体系作为理学的集大成者体现在对宇宙观、人性论的系统论述以及贯通“天人”的宗旨。其一，在宇宙观方面。朱熹“理-分殊”论继承和发展了周敦颐《太极图说》“无极而太极”的思想；通过继承程颐“性即理”的命题突出“理”的客观性及普遍性；通过吸收张载“太虚即气”的学说，改造张载的“气论”使“气”从属于“理”，确立“理”为“气”的主宰，“把宇宙论的框架建造得比过去任何一个哲学家都完整”[②]。其二，在人性论方面。朱熹对“天命之性”与“气质之性”严格区分，试图在理论上完满地解释历代聚讼不止的人性善恶之争；继承并创新发展张载、二程的人性论，把“天命之性”看作人的本性，为“性善”确立本体论的依据；论证代表儒家伦理道德的仁、义、忠、孝等是“天命之性”，人人具有这种品性，为人们指明复归善性的方向和努力复归善性的信心；论证“天命之性”不仅包含主宰着人类本性的“仁、义、礼、智”，而且还包含着宇宙本性的“天地之德”，“在天曰元亨利

① 任继愈：《任继愈文集·朱熹与宗教》（第8卷），国家图书馆出版社，2014年，第52页。

② 任继愈：《任继愈文集·朱熹与宗教》（第8卷），国家图书馆出版社，2014年，第60页。

贞，在人曰仁、义、礼、智”[①]；其三，贯通“天人”。朱熹的理论体系“把人的普遍原则贯彻到天（自然）的普遍原则，同时，又把自然的普遍原则推广到人的普遍原则”从而实现天人共理，天人一贯，天人相通[②]。

此外，在《朱熹〈四书集注〉的特点》与《〈四书集注〉的历史地位》两文中，任继愈又对朱熹的《四书章句集注》（以下简称“《集注》”）的特点、历史地位和作用做出了评价，得出五个方面的结论：（1）《集注》是以人性论来阐释儒家经典，强调修身养性、涵养性情、正心诚意教育人处世做人的道理，在家为孝子，出仕为忠良。（2）《集注》汲取唐宋以来的哲学思想，达到时代可能达到的认识高度，建立了完整的儒教理论体系，对安定社会有重要影响。（3）《集注》是儒教人生修养的“经典”。其“正心诚意”“主敬”“守一”“格物致知”“存诚”等是内心修养之学，以“极高明而道中庸”践行“内圣外王”之道，最终教人成圣贤，使人们在日常生活中较好地处理人伦关系而获得精神解脱。（4）以心性论注解《集注》，注重经典义理的阐发，创造出新的注经模式，打破了传统儒经的注解模式。（5）《集注》成为元、明、清三代科举取士之经典，流布广泛，影响深远。由此，任继愈认为朱熹《集注》以心性论注解儒经的完成，标志着以心性哲学为主要表现

---

① 任继愈：《任继愈文集·朱熹与宗教》（第8卷），国家图书馆出版社，2014年，第61页。

② 任继愈：《任继愈文集·朱熹与宗教》（第8卷），国家图书馆出版社，2014年，第62页。

形式的儒家经学发展到新的理论高度。

概而言之，这一时期任继愈尤重儒教问题的研究。“儒教是教”说的论断不仅是对“文化大革命”的反思和总结，更是从学理上对以董仲舒为代表的汉代儒教哲学和以程朱为代表的儒教哲学的新探究。任继愈重新提出中国哲学史上存而不论的儒教问题，为全面认识中国哲学史上的宗教哲学问题贡献了自己的独特智慧。那么，随着他对这一问题的深入探究，“儒教是宗教”的论断不可避免地影响到其后来的中国哲学史研究，成为其中国哲学史书写的重要内容。也是由此开始，任继愈明确地把儒教内嵌于他中国哲学史研究的逻辑体系之中，儒教与佛教、道教共同被纳入《中国哲学发展史》的书写之中。“儒教是教”说的论断助推着任继愈的中国哲学史研究开始迈入到一个新的向度，对当时的文化建设产生了积极的影响。

二、“一家之言”的《中国哲学发展史》

回顾往昔，“文化大革命”结束之后，改革开放随之而起，中国经济开始迅猛发展，社会转型加速，多元价值观并存竞争，文化建设面临着诸子百家式的“百花齐放，百家争鸣”的境遇。彼时的中国社会，正处于由“工业化”向“现代化”迈进的重要转折阶段，社会的变迁深刻而广泛，既有“而今迈步从头越”的社会进步，更有道德精神沦丧危机的意识警醒。这种变迁呈现出形态多样复合的互动，进而汇集成社会亢奋激进与迷茫虚无交错繁复的多重变奏，塑造着新时期中国社会的精神面貌。那么，生活于斯时，始终保持头脑清醒的任继愈，已然敏锐地觉察到了这种变化的重要性、深刻性和广泛性，而他对这种现实的哲学思索具体体现在这时的中国哲学史研究上，就是在1979年主持编写被称为“一家之言”的《中国哲学发展史》（共七卷，已出版四卷，下文简称《发展史》）。

事实上，20世纪80年代前后的中国哲学史研究通史类著作，正是在改革开放和学术研究逐渐步入正常轨道的气候之下，犹如雨后春笋般萌发而出的，有北京大学哲学系中国哲学史教研室编写的“北大本”《中国哲学史》、南京大学孙叔平的《中国哲学史稿》、冯友兰的《中国哲学史新编》、武汉大学肖萐夫和中山大学李锦全主编的《中国哲学史》、华东师范大学冯契的《中国古代哲学的逻辑发展》、中国人民大学杨宪邦主编的《中国哲学史》、中央党校刘宏章等主编的《中国哲学史教程》等[①]。相较于这些通史类著作，《发展史》之所以被称为“一家之言”，首先是因为任继愈在总结主持编写《中国哲学史》（四卷本）经验的基础上，进一步对中国哲学史研究提出了独特理解。该著从“揭示中国哲学的历史发展”这点入手，把中国哲学史看作是中华民族认识不断深化、不

① “北大本”《中国哲学史》首版于1980年、孙叔平的《中国哲学史稿》首版于1980年、冯友兰的《中国哲学史新编》首版于1982年、肖萐夫和李锦全主编的《中国哲学史》首版于1982年、冯契的《中国古代哲学的逻辑发展》首版于1983年、杨宪邦主编的《中国哲学史》首版于1987年、刘宏章等主编的《中国哲学史教程》首版于1988年。

断进步和提高的历史[1]，认为它以逻辑的形式记录了中华民族认识前进运动的各个发展阶段和认识世界的经历。根据这一观点，《发展史》独具特质之处在于，它观点鲜明地论述了中国哲学史是哲学通过与宗教的斗争，艰难地从宗教的束缚中分离出来的理性发展史和中华民族的认识发展史。

（一）哲学与宗教的斗争

在《发展史》（先秦卷）的导言部分，作者使用大量篇幅谈及宗教问题。该卷提出“哲学起源于宗教”的观点，以人类诞生之初的宗教为中华民族认识史的开端，旨在揭示出“哲学如何从原始宗教中逐渐分化出来的逻辑过程”[2]。任继愈认为，“哲学史作为人类认识的发展史，唯物主义和唯心主义的斗争史，在古代，在奴隶社会和封建社会具体表现为哲学和宗教、理性和信仰的斗争史。哲学的发展过程，就是一步一步摆脱宗教的束缚的过程，征诸中外历史，没有例外”[3]。

《发展史》主张“哲学的基础在于科学”，这是任继愈从中国哲学发展史的视角明确指出宗教与哲学的根本区别。他认为，人类在与自然界分离的过程中产生了宗教。人类产生之初，有宗教而

① 任继愈：《任继愈文集·编写〈中国哲学史〉（四卷本）的一点体会》（第6卷），国家图书馆出版社，2014年，第461页。

② 任继愈：《任继愈文集·中国哲学发展史（先秦卷）导言》（第6卷），国家图书馆出版社，2014年，第77页。

③ 任继愈：《任继愈文集·中国哲学发展史（先秦卷）导言》（第6卷），国家图书馆出版社，2014年，第80页。

无哲学。在生产能力极端低下的条件下，生存难以为继，人类在自然界面前遭受严酷的考验，为了生存下去，唯有集中一切力量应对自然。然而，天灾、疾病、部族之间的无情争夺又时时刻刻地摆在人类面前，人类没有能力克服诸多的苦难，于是出现了“自发的宗教”。而它的出现则是人类从没有宗教到形成宗教的开始，代表着一种进步；它是人类思维能力向前发展、人类从与自然界浑然一体的状态下分离出来的标志①。但是，在后来的阶级社会中，这种“自发的宗教”日益异化成“人为的宗教”，从氏族部落首领转化而来的奴隶主贵族们“把原始宗教改造成为论证剥削压迫制度合理性的工具。宗教本身所具有的消极特性，恰恰适合了统治阶级的这种需要”②。在封建社会之中，“人为的宗教”更加发达、繁盛。统治者“更多的用宗教作为思想武器，推行奴化说教，以巩固封建统治秩序。佛教、基督教和伊斯兰教的广泛传播，形成世界宗教，都得力于封建社会统治阶级的支持和推动”③。在这一时期，哲学被裹挟于宗教神学的绝对权威之下，只是宗教的附庸。直到进入近代社会，随着实验科学的昌明，哲学才获得独立存在的现实物质基础，宗教神学才丧失独占意识形态的绝对至上地位。思维和存在的关系问题才作为哲学的首要问题凸显出来。

---

① 任继愈：《任继愈文集·中国哲学发展史（先秦卷）导言》（第6卷），国家图书馆出版社，2014年，第80页。

② 同上。

③ 任继愈：《任继愈文集·中国哲学发展史（先秦卷）导言》（第6卷），国家图书馆出版社，2014年，第82页。

对于宗教和哲学在起源上的问题，任继愈承用“历史说宗教，而不是用宗教说明历史”的唯物史观，客观地指出：宗教是“人类对现实世界的歪曲的反映。它立足于信仰和虔诚，而不是立足于理性的思辨和逻辑的论证；它祈求超自然的神秘力量的拯救，而不是激发人们自身的聪明才智；它指示人们向‘上帝’投降，屈服于异己力量，而不赞同人们向压迫自己的自然力量和社会力量进行反抗”[①]。而哲学则与宗教根本不同，哲学必须对自然现象和社会现象做出具有规律性的说明，哲学“是人们通过实践而产生的理性思维，是生产斗争知识和阶级斗争知识的概括。人们在生产斗争和阶级斗争中，犯过错误，也取得过成功。总结成功的经验，吸收错误的教训，人们就逐渐变得聪明起来。不断地积累这些经验教训，并把它们抽象概括为原则性的总结性的格言，这就是哲学的雏形。为了便于记忆和流传，先用诗的形式，后来才用文字的著作。总结经验要有科学的知识，科学的方法，科学的态度”[②]。

我们知道，宗教有其幻想性和虚假性，其本质在于借助鬼神神祇的名义以教化众生。而哲学本身内在地存在着与宗教根本区别的规定性，其本质是世界观的系统性，并由此出发以分析、解释和改造世界。而《发展史》的独特性在于凸显哲学与宗教的分疏，明确哲学与宗教之间的斗争过程是哲学发展史的一个重要线索。在任继

① 任继愈：《任继愈文集·中国哲学发展史（先秦卷）导言》（第6卷），国家图书馆出版社，2014年，第80页。

② 任继愈：《任继愈文集·中国哲学发展史（先秦卷）导言》（第6卷），国家图书馆出版社，2014年，第81页。

愈的视域中，宗教的消极性极其明显，但哲学诞生之初就注重“物质和精神的关系问题”，只是由于哲学在后来的发展过程中存在着因为解释世界的不同，又分化为唯物主义哲学和唯心主义哲学。在他看来，唯物主义哲学代表着人类正确的思维，唯心主义则常常与宗教结盟。“宗教反对科学实践，而唯心主义哲学则歪曲科学实践。在历史上，宗教和唯心主义经常结成同盟军”，在哲学史上宗教表现为“粗糙的唯心主义”，而唯心主义则表现为“精致的神学”，两者的任务和目的相同，只是在高低粗精上有所差别。尽管由于人类认识世界存在“宗教深入哲学”和“哲学屈服于宗教”的曲折性，以及唯心主义和唯物主义相互转化、相互促进的复杂性，但只有唯物主义哲学，才是未来哲学的主流[①]。而唯物主义哲学的发展历程正是体现了哲学和宗教发生冲突，哲学一步一步摆脱宗教束缚的过程，这样的哲学发展史在不同的国家和民族，又表现出不同的特点。

（二）中华民族认识发展史的特点

《发展史》以中华民族认识发展史为研究对象，立足说明哲学通过与宗教的斗争而逐渐分化出来的逻辑过程，明确提出哲学发展史的任务就是“把人类认识挣脱宗教的过程的规律性揭示出来”[②]。

---

① 任继愈：《任继愈文集·中国哲学发展史（先秦卷）导言》（第6卷），国家图书馆出版社，2014年，第81页。

② 任继愈：《任继愈文集·中国哲学发展史（先秦卷）导言》（第6卷），国家图书馆出版社，2014年，第82页。

那么，就中国哲学史的具体实际言之，任继愈认为“中国社会历史的特点，决定了中华民族认识发展史的特点”，而这个特点则具体体现在三个方面。

第一，中国封建社会的哲学历史丰富而系统，是中国哲学史研究的重点。《发展史》运用唯物史观，关注中国哲学发展的社会历史背景，认为中国哲学产生于奴隶社会，但其主要内容都是在封建社会形成，且发展得相当充分和完善，使得封建社会可以维持得比较长久和稳定；较之古希腊、古罗马的奴隶制和近代欧洲的资本主义制度及其哲学的典型性，中国的宗法制亦最具独特性，它在中国封建社会里发展成为完备的联结社会的重要纽带，且一直延续至今，并仍在发挥着作用，而这种宗法制的社会也赋予了中国哲学史独有的特色；中央集权制度下的多民族大一统国家结构形成较早，中国古代社会的基本矛盾是大一统的全国性政权和分散的小农经济的矛盾，虽然农民起义次数多、规模大，却为统治者在对付农民反抗方面积累了充足的经验；机械唯物论和生物进化论都是从西方输入，并不是中国哲学自身发展孕育而出，其原因在于中国近代资本主义力量比较软弱，始终处于未成熟阶段，自然科学尚未达到西方近代实验科学的水平，故而造成中国哲学史中的科学哲学内容较少[①]。

第二，儒教是存在于中国封建社会历史的特殊形态的宗教。任继愈认为，“中国同欧洲的封建社会一样，都是宗教神学在意识形

① 任继愈：《任继愈文集·中国哲学发展史（先秦卷）导言》（第6卷），国家图书馆出版社，2014年，第85~86页。

态中占统治地位，但是中国封建社会占统治地位的宗教不是佛教，不是道教，也不是基督教和伊斯兰教，而是一种具有特殊形态的适合于中国封建社会历史特点的宗教，即儒教。表面上看来，儒教这种宗教不同于一般的宗教，甚至它还打出反对佛、道的幌子，缺少一般宗教的外在特征，但是却具有宗教的一切本质属性”[①]。由此，《发展史》明确提出儒学宗教化问题，在该著的《先秦卷》指出“神学化的儒学占有极大优势”，统治者对儒学的改造利用使之神学化、宗教化，历史上出现了一个长期的儒学宗教化过程，儒学伴随中国封建社会历史的发展而被塑造和定型为儒教。而在这个儒学成为儒教的生成运动中，儒教的思想基础首先是“孔子所创立的儒家学说”，它直接承接殷周时期的天命神学和祖宗崇拜的宗教思想；汉代经学是儒学第一次被人为地改造成为“一种比较粗糙的宗教神学”；而宋明理学是儒学被更精细化地改造成为“一个体系严密、规模庞大的宗教神学结构”，理学的建立标志着儒教的完成[②]。此外，在该著的《秦汉卷》对从儒教变异而成的谶纬思想给予“较多的论述”；《魏晋南北朝卷》对魏晋时期“儒学玄学化，与佛教、道教同时并存”的问题集中讨论；《隋唐卷》对隋唐工朝儒、释、道二教并存争雄，进而“发展到高峰”的哲学史做了集中论述。

第三，中国哲学史上存在着光辉的唯物论和无神论传统，唯物论和辩证法思想是中国哲学史的精华。《发展史》提出中国封建社

① 任继愈：《任继愈文集·中国哲学发展史（先秦卷）导言》（第6卷），国家图书馆出版社，2014年，第86页。

② 同上。

会存在着的阶级斗争、民族斗争，它们和统治阶级内部矛盾相互交织，使得社会生活起伏多变和错综复杂，哲学家们能够从中总结归纳出大量关于社会斗争的经验教训，从而为唯物论和辩证法的发展提供现实的动力和生动的资料；中国封建社会的自然科学与哲学史世界观之间存在着密切的交互影响的关系，古代自然科学的发展为唯物论和辩证法的发展提供了直接动力，而它又对古代自然科学的发展产生影响；中国封建社会创造了丰富的文化典籍，而它们成为滋养和熏陶着唯物主义哲学家对唯物论和辩证法思想体系创造的养料；中国封建社会存在着的系统而精致的宗教和唯心论，反向地诱发和促进唯物论和辩证法思想体系不断深化与完备[①]。

正是基于这些认识，任继愈把它们视为促进中国哲学史在中国封建社会得以充分发展的社会历史条件。此外，《发展史》尤其重视中国哲学史研究上缺失的儒教问题，重点地揭示出儒学宗教化的历史事实，可以说是一部以“儒教是教”说为主要特点的通史类著作。

事实上，儒教是传统中国社会的国教，儒教政权和儒教信仰对于中华民族的融合及其发展，对于巩固国家的统一，的确发挥了巨大的作用。但一切历史的存在，也要在历史之中消亡。当世界尚未联通，没有更先进的文化凸显出来的时候，儒教曾经是当时最先进文化成就的代表，以至于周边国家向往加入儒教文化圈。然而当世界走向全球一体化，其他地区出现更先进的文化时，儒教就日益显

① 任继愈：《任继愈文集·中国哲学发展史（先秦卷）导言》（第6卷），国家图书馆出版社，2014年，第88~90页。

现出自身的衰老和腐朽，终于在掌握了先进文化的敌人面前遭遇历史上前所未有的变局，保教、保国、保种成为严重的问题。为了生存，当时先进的中国人不得不抛弃儒教，向对手学习，到对手的国家去学习。时至今日，当中华民族的学习初见成效、渡过亡国灭种的危机之时，再来回看中华民族昔日的辉煌，自然而然的民族感情使人们对儒教的命运感到痛惜，而这种可贵的民族感情一旦泛滥成为逆向而动的复古思维，以古非今地指责社会发展中存在的问题，就会演变为妄议中华民族没有信仰的错误思想。殊不知儒教信仰的变种，时时萦绕于周围，公职人员治国理政不问苍生问鬼神、公众人物求神问卜结纳“大师”、人民大众崇拜权力关系等等，这些过时的思想垃圾支配着人们的头脑，却被当成拯救自己的灵丹妙药。在这种情况之下，重新思考任继愈在“文化大革命”劫余之后认识并批判封建主义创获“儒教是教”说的论断，重新认识他把这个观点引入《发展史》的书写之中，就能发觉他内嵌于其中国哲学史研究的逻辑体系之中的现实关怀。笔者认为，任继愈这种中国哲学史研究的学术旨趣在彼时来说，就不仅仅是对当时“儒学复兴热”的深刻自省，更是为了要清理“愚昧的种子”和破除人们头脑中不合时宜的陈旧的思想观念。正如他所言：封建势力依然顽固，社会主义新文化的建设需要我们“好好清理一下我们的文化传统，看清楚哪些是精华，哪些是糟粕”。

三、对中国传统文化的批判与继承

在中国现当代哲学的研究话语中，“传统文化”的概念有些大而化之，往往使人们有无所适从之感，容易引发混乱。“传统文化”并非空中楼阁似的抽象概念，亦不是抽象继承的形而上学，它有其发生的具体历史情景。事实上，一旦人们开始自觉追问传统文化之于自身的价值何在之时，横亘于前的普遍难题就是何谓传统文化的精华？何谓传统文化的糟粕？该如何对待？对于这些问题的回答颇有聚讼不已、众说不一、晦暗不明之状。笔者因研究中国现代哲学的便利而近水楼台，得以认识任继愈提出“儒教是教”说以批判继承传统文化对于当代中国哲学研究的价值。

（一）批判传统文化

中国传统文化在经学时代曾经浑然一体，人们极少去追问它究竟是怎样的。然而，这种混沌不清一旦被打破而不得不澄明之时，就必然触及判定传统文化性质的问题。

中国传统文化以儒、释、道三教并称。佛、道二教为宗教人们是承认的，自是无疑。然而，奇诡之处在于儒教是宗教在古代也没有疑问，为何近现代以来却否认其存在。尤其值得关注的是，为什么任继愈在20世纪70年代末重新提出“儒教是教”说却引发如此广泛的争议[①]？那么，回到彼时的历史情景和任继愈的哲学反思之中，任继愈是以马克思主义哲学观指导中国哲学史研究的哲学家，其反对当时的“文化热”和“儒学热”将儒学宗教化的立场是鲜明的，对待传统文化始终坚持批判继承的方向。具体言之，对于传统文化的糟粕直面而不避讳，他提出“儒教是教”说目的在于认清传统文化的宗教特质，批判产生传统文化的“封建主义”；对于传统文化的精华吸纳而继承之，他耗尽心血整理古籍以尽可能完整地保存中华民族的精神世界，高扬传统文化之中的爱国主义精神以彰显出文化自信的根脉。

第一，传统文化的宗教特质。理智地对待传统文化，前提是要认清传统文化的性质和内容，然后才能做出源于自己的、自觉、自省和自信的抉择，从而找到当代的又适当的取舍传统文化的路径。因此，认清传统文化的性质尤为关键，性质是决定事物存在而又区别于“他物”的自是所是的本质，它对于事物的静态存在和动态发展起着主导作用。

任继愈在中国哲学史研究领域有坚实而丰厚的学术基础，又在宗教学研究方面开创出中国马克思主义宗教学的研究方向。毛泽东主席曾在1963年12月30日《加强宗教问题的研究》这一批示中指出：“这个文件很好。但未提及宗教研究。对世界三大宗教（基督教、伊斯兰教、佛教），至今影响着广大人口，我们却没有知识，国内没有一个由马克思主义者领导的研究机构，没有一本可看的这方面的刊物。《现代佛学》不是由马克思主义者领导的，文章的水

① 任继愈主编：《儒教问题争论集》，宗教文化出版社，2000年。

平也很低。其他刊物上，用历史唯物主义观点写的文章也很少，例如任继愈发表的几篇谈佛学的文章，已如凤毛麟角。不批判神学就不能写好哲学史，也不能写好文学史或世界史。”[①]事实正如毛泽东主席所言，当时学界用历史唯物主义的观点研究宗教的学术文章的确很少，而《汉唐佛教思想论集》一书的结集出版，表明任继愈是少有的自觉运用历史唯物主义观点研究佛教的学者。按照任继愈的理解，运用马克思主义的历史唯物主义认识传统文化之中的宗教问题，其基本原则是“社会存在决定社会意识”“用历史说明宗教，而不是用宗教说明历史”。他指出，宗教、迷信和神权，是人类历史上不可避免的现象。迄今为止，还没有发现哪一个民族、国家对宗教有过免疫力，只不过在不同国家和不同地区宗教有不同的表现形式罢了。

事实上，儒学在传统文化之中一直居于主流意识形态的地位，它是否是宗教，在当今学界依然具有极大的争议性，可以进一步展开学术争鸣。而“儒教是教”说是任继愈从事中国哲学史研究得出的基本事实，更是他运用唯物史观以儒家文化为具体研究对象，剖析认识之后而确证的结论。“儒教是教”说的提出只是他在学术探究上接续前人未竟之业，进一步说明传统文化的宗教特质。

“儒教不是宗教”的说法始自民国。梁启超、蔡元培、陈独秀等拥有话语影响力的学界巨匠都曾对儒家的宗教性给予过否定，中国古代是个“无宗教国”的论说遂成定论，至此之后“儒教非

① 中共中央文献研究室编：《毛泽东年谱》（1949—1976），中央文献出版社，2013年，第298~299页。

宗教”也成为人们对中国传统文化的基本认识。在这种情况之下形成的结论就这样流行开来了，许多人也就耳食于此地生吞活剥了。那么，当任继愈重提“儒教是教”说要改变这个几乎众口一词的结论，所遭遇到的非议可想而知。然而就学术性而言，任继愈“儒教是教”说的理论启示和现实作用是极其深刻的，值得重视。（1）“儒教是教”说指向的核心是中国传统文化的宗教特质，还历史以真实，让中国传统文化的宗教特性面目呈现于世，其现实意义就是警醒我们建设社会主义新文化的前提是要正确认识传统文化。（2）从宗教学的研究视角来说，宗教学诞生于欧洲，人们头脑关于宗教的经验知识和理论背景往往是基督教，这就给我们完整、准确地理解宗教设置了不可避免的障碍。而“儒教是教”说的理论价值，不仅仅在于揭示出儒教在中国的历史经验，还能够为一般宗教学研究提供一个从原始宗教连续发展成为民族国家宗教的典型案例，更为关键的还是它为宗教学学科增补了建设中国马克思主义宗教学学科的新维度和新内容。（3）从人类认识史的视角来看，人类的发展不可能超出其认识阶段之外，尽管现在各民族的发展有时代性差异，对待宗教的态度也千差万别，但人类最初要经历宗教这个基本的、必经的认识阶段是毫无疑问的，而儒教是独属于华夏民族的宗教，在古代，中国也不可能成为无宗教国。因而“儒教是教”说直接给中国人文社会科学的研究提供一个全新的理论视角。总而言之，任继愈认为传统主流文化是一种宗教文化，批判传统文化的核心在于正确认识这份宗教遗产而不让它成为社会主义新文化建设的包袱和负担。“儒教是教”说只是提醒我们认识中国传统文化，要准确辨析传统文化的宗教特质，要认清传统文化的糟粕是有神论。

责之深，是因为爱之切。也正是基于“儒教是教”说对传统文化糟粕的痛彻批判，任继愈才更懂得珍惜和保护传统文化并积极概括阐述其中的优秀成果，并率先垂范，做传统文化精华内容的发掘者。

第二，传统文化的精华。任继愈始终积极主张继承传统文化的精华，因此他的著作总是观点鲜明地指出中华民族的优良传统就是传统文化之精华所在，它们对于建设社会主义新文化有积极的作用。为此，他认为中国文化之中的优良传统至少有四点值得去继承和发展。

（1）“中华民族对于外来文化有着融合、交流的优良传统”[①]。中国的文化是在不断地融合、不断地交流的过程中发展起来的，中华民族兴旺发达的秦汉、隋唐时期都是对多种文化采取开放、选择吸取的态度。在中国哲学史上，先秦诸子哲学是春秋战国邹鲁文化、三晋文化、荆楚文化、吴越文化、燕齐文化等地区文化竞争融合的结果；汉代董仲舒的哲学是吸收孔孟、黄老、方术、阴阳五行等各家各派思想而形成的；魏晋时期的玄学接纳佛学终有佛教的中国化；宋明理学则是融通儒、释、道三家的结果。故而，中国的文化在不断融合交流、相互学习、取长补短的过程中推动中华民族大家庭的团结和繁荣。

---

① 任继愈：《任继愈文集·发扬中华民族优良传统，建设社会主义精神文明》（第9卷），国家图书馆出版社，2014年，第24页。

（2）“中华民族有唯物主义、无神论的优良传统”[1]。任继愈认为相较于西欧的封建社会，中国封建社会发展比较完备，社会生产力得到比较充分的发展，中华民族的无神论思想和唯物论并肩而行，内容丰富。从《易经》、荀子、韩非至王充、范缜，从柳宗元、刘禹锡至张载、王廷相、王夫之、熊伯龙等，中国哲学史上存在一个唯物论和无神论密切结合而又连绵不绝地祛除宗教鬼神的传统。这条道路是正确认识世界的道路，为阻止神秘主义的滋蔓、推动传统文化的理性精神深入人心起到了积极的作用。

（3）“中华民族有丰富的辩证法思想的优良传统”[2]。任继愈指出，与西方的封建社会相比，中国的辩证法思想在封建社会达到了所能达到的最高水平，它除了被广泛地运用到医学、军事、农业等具体领域，还具体体现在以老子思想和《易传》思想这两大哲学体系上。老子代表“贵柔”的体系，以柔弱胜刚强作为其辩证法的基本方面，而以《易传》为代表的辩证法则强调变法发展，主张刚健、进取等思想。事实上，学者们对传统文化的辩证法思想有普遍的认识，尤其是张允熠教授独辟蹊径地从东学西渐的视角论证了儒家辩证法思想促进德国古典哲学诞生的过程，指出了“马克思主义的辩证法直接改造于黑格尔，其与儒学辩证法的关系是一个否定之否定

① 任继愈：《任继愈文集·发扬中华民族优良传统，建设社会主义精神文明》（第9卷），国家图书馆出版社，2014年，第28页。

② 任继愈：《任继愈文集·发扬中华民族优良传统，建设社会主义精神文明》（第9卷），国家图书馆出版社，2014年，第29页。

的过程”[1]。张允熠教授的研究是揭示出了马克思主义和中国文化何以相通的关键点，这体现出了中国辩证法发展史的世界意义。

（4）“中华民族有爱国主义的优良传统”[2]。任继愈认为，爱国主义传统在中国文化中表现十分突出。中国历史上的反对压迫和专制的农民起义体现了劳苦大众的反抗精神，屈原、文天祥的抗争体现了争取民族独立、反对种族压迫的爱国主义传统，近代中华民族的革命进程体现了反对殖民主义、帝国主义、霸权主义的爱国主义传统。尽管这些爱国主义传统有其阶级性和历史局限性，但爱国主义精神却是一脉相承的，对社会主义新文化建设大有裨益。今天的爱国主义体现在中华民族全力一致对外，反抗外来的侵略势力，是在改革开放的历史条件下拒绝西方腐朽的文化、腐朽的思想、腐朽的世界观。

传统文化的宗教特质经批判而有文化自省，传统文化的精华经继承而有文化自信，这是任继愈对待传统文化的基本态度。他对中国文化的发展有着“继往”与“开来”的清晰指向，即建设社会主义新文化的“‘继往’继的是五千年来的中外一切哲学成果”，而“‘开来’开的是社会主义新文化、新哲学”[3]。

---

① 张允熠：《中国文化与马克思主义》，人民出版社，2015年，第94页。

② 任继愈：《任继愈文集·发扬中华民族优良传统，建设社会主义精神文明》（第9卷），国家图书馆出版社，2014年，第29页。

③ 任继愈：《任继愈文集·我国哲学发展的正道》（第5卷），国家图书馆出版社，2014年，第351页。

（二）传统文化的继往开来

任继愈认为，文化具有继承性，文化不能白手起家，不能像炒股票那样一晚上翻个身成百万富翁。文化没有暴发户，只能在旧的基础上继续前进[④]。然而，对于当下新旧交替、中西融合的文化格局，任继愈始终保持着一种客观冷静的思索。他认为，“那种认为只要发扬中国古代传统中的某一家某一派就能建成社会主义新文化，是不现实不可行的。搬来外国文化中的一派，强加给中国文化，也有过失败的教训。我们应创造自己的社会主义新文化，继承中华民族成功的经验，善于运用融会贯通创造的特长，有目的地培养一批有研究能力、有远大志向的专家。目前，先运用多学科、多层次的学术研究者的群体，共同探讨创建中华民族新文化这一共同课题，融汇分科成果，然后综合成为整体。要经过一代人、两代人的持续努力，可望获得成功”[⑤]。正是鉴于这项工作的艰辛和重要，已经步入晚年的任继愈仍然勇挑重担，身体力行地开展传统文化的继往开来这一项事业，在整理古籍文献方面做了大量具体而实际的工作，为当代中国哲学研究的进一步推进积累了丰富而可信的资料；在社会主义新文化的建设上提出“文化发展的势差规律”，为救治那些以古非今、崇洋媚外的文化盲从者和自卑者开出了一剂良药。

---

④　任继愈著，文明国编：《任继愈对话集：觉悟了的群体才能推动社会》，人民日报出版社，2009年，第8页。

⑤　任继愈著，文明国编：《任继愈对话集：觉悟了的群体才能推动社会》，人民日报出版社，2009年，第8~9页。

第一，古籍文献整理。古籍文献是中国传统文化的主要载体。深入研究中国传统文化，必须从古籍文献整理这一基础工作做起。因此，对古籍文献进行基础性的整理工作，不仅是中国传统文化研究的重要内容，同时也是继往开来，以建设中国特色社会主义新文化事业的重要环节。

众所周知，中国历史悠久，古籍文献汗牛充栋，摆在研究者面前的任务是极其繁重的，至于如何通过对古籍文献的整理工作，表达当代中国哲学研究者的哲学旨趣和文化关怀，体现当代中国哲学研究者的学术水准和眼界，挑战也是极其艰巨的。对于这项宏大而繁杂的事业，需要学者群体的共同投入和协作；同时这也是一项细水长流的事业，每一位从事中国传统文化的研究者都责无旁贷，尽管个人所能贡献的也许只是涓滴之水。事实上，如果借助一种修辞比喻之，中国传统文化的传承好比一条江河，那个表面上似乎看不见摸不着的优秀文化传统，正如江河湖海的粼粼波光，悠然自得地荡漾于奔流不息的水面之上。这些水流蜿蜒曲折于中华大地之上，它们在奔流不息的运动之中，或不断接纳来自山涧的溪流，或容纳来自苍穹之上的点滴雨水，同时也慷慨地滋润着其所流经的广袤无垠的中华大地。今天，这条江河已然流经到我们面前，我们要对此做出应有的贡献。

有鉴于此，任继愈不仅提出了“我们有幸承袭了祖先遗泽，我们有博采众长、熔铸百家的好传统，现代知识分子应当也有能力再给后辈添置一份新的产业，为中华民族万世不朽的基业添砖加瓦”

的主张，更把这种主张落实和聚焦于古籍文献的整理工作之上[①]。经他之手，才让我们得见中国古籍文献举世罕见的规模。在他晚年，致力于《中华大藏经》《中华大典》等古籍整理和编纂工作，对这些卷帙浩繁的中国古籍的总量进行统计摸底：文渊阁《四库全书》一千五百册，字数在七亿多；《四库存目丛书》约六亿字，《续修四库全书》一千八百册，约九亿字数；《四库禁毁丛刊》三百一十册（其中经部十册、史部七十五册、子部三十八册、集部一百八十七册），约一亿五千字；《四库未收书辑刊》七辑，每辑三十册，共二百一十册，约一亿字；《中华大藏经（汉文部分）》一百零六卷，一亿零二百字；《中华大藏经续编》两亿六千字左右；《中华道藏》六千万字。此外，还有大量甲骨文、钟鼎文以及少数民族语言文献等。

古籍文献作为中华民族拥有的宝贵精神财富，它的整理工作关涉当代社会主义新文化建设以及文化自信的事业，是奠定中国传统文化继往开来之路的基础性工作。任继愈晚年给自己整理古籍工作规定的任务，就是为社会主义新文化铺平道路，提供原始资料，为迎接21世纪文化建设高潮添砖加瓦。虽然古籍整理工作是不羡繁华而甘于寂寞的学问，但他主持古籍整理工作的原则是不挂空名主编，亲自参与整理大量的文献典籍整理丛书，从而对浩博的中国传统文化资源和中国文化走向未来的自信有了更为深刻的确认和感受。因此，他认为中华文化的高潮在将来一定会到来，而这种认识

① 任继愈著，文明国编：《任继愈对话集：觉悟了的群体才能推动社会》，人民日报出版社，2009年，第8~9页。

的产生则是他基于对文化发展规律的深切体悟和洞察。

第二，文化发展的势差规律。任继愈在中国哲学史研究的过程中发现，文化的传播存在着文化影响衰减、文化遗产增益现象和文化传播的势差现象，并由此总结出文化发展的势差规律。他在《文化发展的势差规律》一文中，把中华民族的文化发展划分为五个重要阶段：春秋战国是中华民族文化的奠基时期，秦汉是国家统一和文化统一时期，宋辽金元明清是文化融合时期，“五四”时期增加了科学与民主的新内容，中华人民共和国成立之后是马克思主义基本原理和中华民族优秀传统文化相结合、孕育社会主义新文化的时期。

通过对中华民族文化发展和进步的这种宏观把握，任继愈指出“中华民族的文化是不断融合、吸收各个兄弟民族的先进文化才发展壮大起来的”[①]。他认为，在这种文化相互接触的过程中，生产关系落后的民族文化也相对落后，他们不断被先进文化所影响，进而发生改变。而这种先进生产关系促进落后生产关系，先进文化影响落后文化的过程，在中国历史上都得到证明的通例。而判断进步与落后的标准，就是历史唯物主义指出的社会发展原则。后一种社会之所以超越前一个社会形态，其根本原因就在于后一种社会形态能够创造出更高的生产力，更多地满足个人的需求，能使更多人获得较多的收益。奴隶社会虽然残酷，但它可以保留战俘不被杀掉甚至吃掉；封建社会解放奴隶，个体农民比奴隶有更好的生存和生活条件，封建主也因此获得更多的利益；资本主义创造了更高的生产

① 任继愈：《任继愈文集·文化发展的势差规律》（第3卷），国家图书馆出版社，2014年，第428页。

力，同时也给了基层民众较多的政治权利；主张共同富裕的社会主义之所以比资本主义先进，就在于它能够给最广大的人民群众，特别是人数众多的人民大众，创造更多的收益。因此，他得出结论说“中华民族文化发展的经验表明，不同的文化相互接触后，先进的一方必然影响落后的一方，落后的一方必然受先进的一方的影响。先进一方是施者，落后的一方为受者，这种现象，好像水之趋下，不可逆转，故称之‘文化势差’”[①]。按照这个规律，社会主义文化无疑是先进的文化。但是，任继愈仍然严谨地指出，由于我国封建主义残余势力依然顽固，从社会意识到生活方式，处处可以看到封建主义残余势力的影响。尽管中国较少受到资本主义的影响，但随着开放潮流不可逆转，资本主义病态、腐朽的文化势必蜂拥而至，这样就会造成几种文化并存的现象，会给社会主义文化建设带来新的问题和干扰。比如损公肥私、世袭制、特权思想、一言堂、关系网、虐待老人、压迫子女等等。这些问题，有的是封建主义文化的糟粕，有的是资本主义文化腐朽的东西。有的好心人面对这些丑恶现象很着急，希望借助传统封建主义文化来抵御腐朽的资本主义文化。但这样做是行不通的，从文化发展的势差规律来看，“用封建传统文化抵挡不住资产阶级文化的侵蚀，用封建主义更无法消灭封建文化糟粕的影响”。那么，解决这个问题的方式就是利用文化势差，用社会主义的先进文化战胜歪风邪气，真正为“四化”建设打好基础，为中国哲学的未来发展做贡献。

① 任继愈：《任继愈文集·文化发展的势差规律》（第3卷），国家图书馆出版社，2014年，第429页。

情贵在久，功成于事。任继愈一生挚爱着中国新文化的探究，他批判地对待中国传统文化的智慧，并提出文化发展的势差规律，无疑为自觉、自省、自信于认识中国传统文化的人们提供了新的智慧，无疑为新时期的中国特色社会主义新文化的建设提供了切实可行的发展路径。因此，任继愈在这一新的历史条件下强调中国传统文化的批判与继承，正是为创造性转化和创新性地发展中国优秀传统文化而殚精竭虑地贡献自己的智慧。

小　结

建设中国特色社会主义的历史进程，绝不总是春风十里的阳关大道，面对其中的经验教训，需要一种建设性的心态和智慧，不管现实如何冷酷惨痛，一个哲学家对于生存处境以及未来生活，都要充满希望、满怀信心和保持智者本色，而不是任性并随便地散布流言，鼓吹对未来的怀疑与绝望之思，走向历史的虚无。“文化大革命”已然过去，但对这段历史的反思却仍在继续着。事实也是如此，“文化大革命”的结束并没有在哲学家的思想中终止，任继愈对“文化大革命”的研究和反思当是一笔极为重要的思想财富，值得好好总结与研究。他立足于社会现实，在“文化大革命”研究和反思的基础上提出“儒教是教”说的观点，不仅是他坚持马克思主义，以严峻的目光、语言和要求来剖析中国传统文化之中那些阻碍社会走向进步的“绊脚石”的表现，更是他对中国传统文化的深沉自省。

“儒教是教”说是对传统文化之中沉淀的渣滓的彻底否定，有极其深刻的历史动因。那么，这种对于传统文化的爱恨情仇和辨析责难，我们仍要重视近代以来那些从事中国哲学史研究的前辈学者们用新方法反思中国传统文化的成果，但我们又不得不承认的是他们对中国传统文化的反思只是初步的展开。从清末到民国初年，再到今时今日，脱胎于儒教传统的中国哲学家群体从执念于“中国古代无宗教”到承认“儒教是教”说的认识过程，就具体体现出这一反思初步展开的过程。因此，继承前人的功绩，持续地开展对中国传统文化的深入反思，任继愈提出“儒教是教”说无疑是对待这一问题的具有独特哲学智慧的回应，更有助于帮助我们进一步认清传统文化的宗教特质，澄清传统文化的概念，整理出批判继承传统文化之中精华与糟粕的界限，从而有利于平复盲目的文化自信带来的文化自负，有利于帮助我们确认文化何以自信的时代命题。

总而言之，改革开放后任继愈的中国哲学史研究对传统文化的宗教性质有深切的认识并批判之，对传统文化热爱又理性待之而不盲从之，这对于我们确证文化何以自信，创建社会主义新文化有着现实和理论的双重价值。

余　论

苦难犹如逆水而行之舟的压舱之石，苦难愈多，则抗拒风浪的能力愈强，航行亦越稳。人类的历史经验已然昭示，一个民族经历的创伤与苦难会经常牵扯住这个民族的当代哲思，而它们也因此成为激发这个民族对民族精神本身反躬自思的问题源，更成为民族精神实现超越并继往开来的哲学智慧。诚如“文化大革命”确实给我们的国家和民族造成了巨大的破坏和痛苦，教训也是深重的，然而，如果仅仅停留在过去的悲哀与幻灭交织的岁月，沉浸迷失于人生的悲剧和历史的无情，那么只会让这些东西成为负担而阻碍我们前行。任继愈在评价此事时称“‘文革’是国家的灾难，就像一个社会生了场大病，但是过后就会有更大的免疫力”[①]。

任继愈敢于直面血淋淋的历史教训，敢于应对光明之侧的阴影幽暗，敢于迎接前进之路上出现的历史逆流，这不仅需要极大的勇气，更需要极高明而深沉的智慧。现实苦难之中的大智大勇者，非那些经历时代的沧海桑田与人世劫难的哲学家莫属，其哲学反思既痛感于历史教训的病灶，敢于鞭挞和揭露造成病症的病理所在，又往往是洒脱与从容的面相。

---

① 任继愈著，文明国编：《任继愈对话集：觉悟了的群体才能推动社会》，人民日报出版社，2009年，第15页。

参考文献

古籍部分：

[1]〔汉〕司马迁 . 史记 [M]. 北京：中华书局，1959.

[2]〔汉〕班固 . 汉书 [M]. 北京：中华书局，1962.

[3]〔晋〕郭象著，曹础基、黄兰发点校 . 庄子注疏 [M]. 北京：中华书局，2011.

[4]〔晋〕陈寿 . 三国志 [M]. 北京：中华书局，1982.

[5]〔南朝宋〕刘义庆著，徐震堮校注 . 世说新语校笺 [M]. 北京：中华书局，1984.

[6]〔南朝梁〕释慧皎著，汤用彤校注 . 高僧传 [M]. 北京：中华书局，1992.

[7]〔宋〕程颢、程颐著，王孝鱼点校 . 二程集 [M]. 北京：中华书局，1981.

[8]〔宋〕朱熹 . 四书章句集注 [M]. 北京：中华书局，1983.

[9]〔清〕王先谦 . 庄子集解 [M]. 北京：中华书局，1987.

[10]〔清〕王先谦 . 荀子集解 [M]. 北京：中华书局，1996.

[11]〔清〕王先慎 . 韩非子集解 [M]. 北京：中华书局，1998.

[12]〔清〕苏舆著，钟哲点校．春秋繁露义证[M]. 北京：中华书局，1992.

[13]〔清〕何启、胡礼垣著，郑大华点校．新政真诠——何启、胡礼垣集[M]. 沈阳：辽宁人民出版社，1994.

[14]〔清〕马建忠著，王梦珂点校．马建忠集[M]. 北京：中华书局，2013.

专（编）著部分：

[1] 毛泽东．毛泽东选集（第1卷）[M]. 上海：上海人民出版社，1952.

[2] 石峻、任继愈、朱伯崑编．中国近代思想史讲授提纲[M]. 北京：人民出版社，1955.

[3] 任继愈．墨子[M]. 上海：上海人民出版社，1956.

[4] 任继愈．老子今译[M]. 北京：古籍出版社，1956.

[5] 杨伯峻．孟子译注[M]. 北京：中华书局，1960.

[6] 任继愈．老子新译[M]. 上海：上海古籍出版社，1978.

[7] 吕澄．中国佛学源流略讲[M]. 北京：中华书局，1979.

[8] 任继愈．中国哲学史论[M]. 上海：上海人民出版社，1981.

[9] 张岱年．中国哲学大纲[M]. 北京：中国社会科学出版社，1982.

[10] 方立天．魏晋南北朝佛教论丛[M]. 北京：中华书局，1982.

[11] 中国社会科学院哲学研究所编．中国哲学年鉴（1982）[M]. 北京：中国大百科全书出版社，1982.

[12] 陈鼓应 . 庄子今注今译 [M]. 北京：中华书局，1983.

[13] 任继愈主编 . 中国哲学发展史 [M]. 北京：人民出版社，1983.

[14] 萧萐父、李锦全主编 . 中国哲学史（下卷）[M]. 北京：人民出版社，1983.

[15] 张震泽 . 孙膑兵法校理 [M]. 北京：中华书局，1984 年 .

[16] 北京大学主编 . 燕园论学集 [C]. 北京：北京大学出版社，1984.

[17] 曹德本 . 中国古代辩证法思想探索 [M]. 吉林：吉林人民出版社，1986.

[18] 徐远和 . 洛学源流 [M]. 济南：齐鲁书社，1987.

[19] 李泽厚 . 中国现代思想史论 [M]. 北京：东方出版社，1987.

[20] 刘梦义、陶德荣 . 中国当代哲学史稿 1949—1966[M]. 成都：四川人民出版社，1987.

[21] 中央文献研究室编 . 毛泽东哲学批注集 [M]. 北京：中央文献出版社，1988.

[22][德]雅斯贝斯著，魏楚雄、俞新天译 . 历史的起源与目标 [M]. 北京：华夏出版社，1989.

[23] 冯契 . 中国近代哲学的革命进程 [M]. 上海：上海人民出版社，1989.

[24] 张岱年 . 中国古典哲学概念范畴要论 [M]. 北京：中国社会科学出版社，1989.

[25] 中国现代哲学史研究会编 . 中国现代哲学与文化思潮 [C]. 北

京：求实出版社，1989.

[26] 杨春贵主编 . 中国哲学四十年 [M]. 北京：中共中央党校出版社，1989.

[27][美] 郭颖颐著，雷颐译 . 中国现代思想中的唯科学主义 [M]. 南京：江苏人民出版社，1989.

[28][英] 麦克斯・缪勒著，金泽译 . 宗教的起源与发展 [M]. 上海：上海人民出版社，1989.

[29][美] 孔飞力著，谢亮生等译 . 中华帝国晚期的叛乱及其敌人 [M]. 北京：中国社会科学出版社，1990.

[30] 李振霞主编 . 当代中国十哲 [M]. 北京：华夏出版社，1991 年 .

[31][美]E・希尔斯著，傅铿、吕乐译 . 论传统 [M]. 上海：上海人民出版社，1991.

[32] 许全兴、陈战难、宋一秀 . 中国现代哲学史 [M]. 北京：北京大学出版社，1992.

[33] 唐培吉主编 . 中国历史大事年表（现代史卷）[M]. 上海：上海辞书出版社，1997.

[34][德] 恩格斯 . 路德维希・费尔巴哈和德国古典哲学的终结 [M]. 北京：人民出版社，1997.

[35] 任继愈 . 天人之际 [M]. 上海：上海文艺出版社，1998.

[36] 任继愈 . 墨子与墨家（增订版）[M]. 北京：商务印书馆，1998.

[37] 方克立主编 . 中国哲学与辩证唯物主义 [M]. 北京：高等教育出版社，1998.

[38] [德] 恩格斯 . 反杜林论 [M]. 北京：人民出版社，1999.

[39] 李富华 . 惠能与坛经 [M]. 珠海：珠海出版社，1999.

[40] 何光沪 . 多元的上帝观——20 世纪西方宗教哲学概览 [M]. 贵州：贵州人民出版社，1999.

[41] 张允熠 . 中国文化与马克思主义 [M]. 太原：山西教育出版社，1999.

[42] 王炯华主编 . 五十年中国哲学风云 [M]. 武汉：湖北人民出版社，1999.

[43][德] 伽达默尔著，洪汉鼎译 . 真理与方法——哲学诠释学的基本特征（上、下卷）[M]. 上海：上海译文出版社，1999.

[44] 任继愈主编 . 儒教问题争论集 [C]. 北京：宗教文化出版社，2000.

[45] 卜祥记 . 哲海探航：20 世纪中国哲学的艰辛开拓 [M]. 北京：西苑出版社，2000.

[46] 郁振华 . 形上的智慧如何可能——中国现代哲学的沉思 [M]. 上海：华东师范大学出版社，2000.

[47] 冯友兰 . 三松堂全集（第 1 卷）[M]. 郑州：河南人民出版社，2001 年 .

[48] [德] 马克思 . 论犹太人问题 [M]. 北京：人民出版社，2002.

[49] 郭庆堂、丁祖豪、孟伟、唐明贵编著 .20 世纪中国哲学导论 [M]. 徐州：中国矿业大学出版社，2002.

[50] 方立天 . 中国佛教哲学要义（上、下卷）[M]. 北京：中国人民大学出版社，2002.

[51] 张岱年 . 中国哲学史方法论发凡 [M]. 北京：中华书局，2003.

[52] 毛泽东 . 毛泽东书信选集 [M]. 北京：中央文献出版社，2003.

[53] 任继愈主编 . 中国哲学史（修订本）[M]. 北京：人民出版社，2003.

[54][美] 史华慈著，程钢译 . 古代中国的思想世界 [M]. 南京：江苏人民出版社，2004.

[55] 任继愈 . 任继愈禅学论集 [M]. 北京：商务印书馆，2005.

[56] 李申 . 儒学与儒教 [M]. 成都：四川大学出版社，2005.

[57] 方克立 . 方克立文集 [M]. 上海：上海辞书出版社，2005.

[58] 任继愈 . 老子绎读 [M]. 北京：北京图书馆出版社，2006.

[59] 薛玉琴 . 近代思想前驱者的悲剧角色：马建忠研究 [M]. 北京：中国社会科学出版社，2006.

[60] 汤用彤 . 隋唐佛教史稿 [M]. 南京：江苏教育出版社，2007.

[61] 余敦康 . 何晏王弼玄学新探 [M]. 北京：方志出版社，2007.

[62] 冯友兰著，赵复三译 . 中国哲学简史 [M]. 天津：天津社会科学院出版社，2007.

[63][美] 杨庆堃著，范丽珠等译 . 中国社会中的宗教——宗教的现代社会功能与其历史因素之研究 [M]. 上海：上海人民出版社，2007.

[64] 钟泰 . 中国哲学史 [M]. 北京：东方出版社，2008.

[65] 冯友兰 . 冯友兰文集（第 1 卷）[M]. 长春：长春出版社，2007 年 .

[66] 国家图书馆编 . 哲人其萎　风范永存：任继愈先生追思录 [C].

北京：国家图书馆出版社，2009.

[67] 刘放桐主编 . 西方近现代过渡时期哲学 [M]. 北京：人民出版社，2009.

[68] 闻黎明 . 抗日战争与中国知识分子——西南联合大学的抗战轨迹 [M]. 北京：社会科学文献出版社，2009.

[69] 潘桂明 . 中国佛教思想史稿［中国佛教思想史稿（第一卷汉魏晋南北朝卷（上、下）］[M]. 南京：江苏人民出版社，2009.

[70] 张允熠 . 中国主流文化的近现代转型 [M]. 合肥：黄山书社 2010.

[71] 任继愈 . 天人之际：任继愈学术思想精粹 [M]. 北京：人民日报出版社，2010.

[72] 陈康著，汪子嵩、王太庆编 . 陈康：论希腊哲学 [M]. 北京：商务印书馆，2011.

[73] 谢无量 . 谢无量文集（第 2 卷）[M]. 北京：中国人民大学出版社，2011.

[74] 郭齐勇 . 当代中国哲学研究（1949—2009）[M]. 北京：中国社会科学出版社，2011.

[75] 中共中央党史研究室著 . 中国共产党历史(第二卷)[M]. 北京: 中共党史出版社，2011.

[76] 黄力之 . 从俄罗斯到中国：后马克思时代的社会主义文化问题 [M]. 北京：人民出版社，2011.

[77] 徐小跃 . 禅与老庄 [M]. 南京：江苏人民出版社，2012.

[78] 赖永海 . 中国佛性论 [M]. 南京：江苏人民出版社，2012.

[79][美] 易社强著，饶佳荣译 . 战争与革命中的西南联大 [M]. 北京：九州出版社，2012.

[80] 郭齐勇 . 儒家文化研究——近三十年中国哲学回顾与展望专号（第 5 辑）[C]. 北京：生活 · 读书 · 新知三联书店，2012.

[81] 余品华主编 . 十年建设时期哲学若干学科建设的论辩 [M]. 南昌：百花洲文艺出版社，2012.

[82] 赵修义、张翼星等编 . 守道 1957：1957 年中国哲学史座谈会实录与反思 [C]. 上海：上海人民出版社，2012.

[83] 杨绍军 . 战时思想与学术人物：西南联大人文学科学术史研究 [M]. 北京：社会科学文献出版社，2012.

[84] 李四龙编著 . 有哲学门以来：北京大学哲学系 1912—2012 [M]. 北京：生活 · 读书 · 新知三联书店，2012.

[85] 张曼菱 . 西南联大行思录 [M]. 北京：生活 · 读书 · 新知三联书店，2013.

[86] 任继愈 . 魏晋南北朝佛教经学 [M]. 北京：国家图书馆出版社，2013.

[87] 冯契著，陈卫平缩编 . 中国哲学通史简编 [M]. 北京：生活 · 读书 · 新知三联书店，2013.

[88] 郭庆堂等 .20 世纪中国哲学论要 [M]. 北京：中国社会科学出版社，2013.

[89] 任继愈研究会编 . 任继愈的为人与为学（第一辑）[C]. 北京：国家图书馆出版社，2013.

[90] 陈金龙 . 近代中国社会思潮与马克思主义中国化 [M]. 北京：

人民出版社，2013.

[91] 柴文华 . 新世纪以来的中国哲学史省思——柴文华自选集 . [M]. 哈尔滨：黑龙江大学出版社，2013.

[92] 中共中央文献研究室编 . 毛泽东年谱(1949—1976)[M]. 北京：中央文献出版社，2013.

[93] 胡适 . 中国哲学史大纲 [M]. 上海：上海三联书店，2014.

[94] 韩水法主编 . 北京大学哲学学科史（全二册）[M]. 北京：商务印书馆，2014.

[95] 张允熠 . 中国马克思主义与中国梦 [C]. 合肥：黄山书社，2014.

[96] 乔清举 . 当代中国哲学史学史（上、下册）[M]. 上海：上海古籍出版社，2014.

[97] 任继愈 . 任继愈文集（第 1 至 10 卷）[C]. 北京：国家图书馆出版社，2014.

[98] 陈少明 . 做中国哲学：一些方法论的思考 [M]. 北京：生活・读书・新知三联书店，2015.

[99] 薛玉琴、徐子超、陆烨编 . 中国近代思想家文库（马建忠 – 邵作舟 – 陈虬卷）[M]. 北京：中国人民大学出版社，2015.

[100] 张允熠 . 历史的抉择：中国人为什么要接受马克思主义 [M]. 北京：人民出版社，2017.

论文部分：

[1] 任继愈 . 春秋时代天文学和老子的唯物主义思想 [J].《北京大

学学报》（哲学社会科学版），1959（4）.

[2] 任继愈 . 批判“影射史学”，恢复中国哲学史的本来面目 [J].《哲学研究》，1978（3）.

[3] 李申 . 中国古代的人神 [J].《宗教学研究》，1994（4）.

[4] 汪子嵩 . 一次争鸣的讨论会 [J].《读书》，1994（9）.

[5] 李申 . 中国古代的神（上）[J].《宗教学研究》，1999 年（3）.

[6] 李申 . 儒教孝道明真 [J].《中国哲学史》，2000（3）.

[7] 臧宏 . 中国哲学史研究百年反思 [J].《华东师范大学学报》（哲学社会科学版），2001（1）.

[8] 蔡德贵 . 儒学儒教一体论 [J].《中山大学学报》（社会科学版），2001（5）.

[9] 蒙培元 . 儒学是宗教吗？ [J].《孔子研究》，2002（2）.

[10] 陈卫平 . 世纪之交的中国哲学史研究趋势 [J].《南通师范学院学报》（哲学社会科学版），2002（3）.

[11]赵吉惠.儒学二重性：既是哲学又是道德宗教[J].《孔子研究》，2002（4）.

[12] 王晓毅 . 浅论魏晋玄学对儒释道的影响 [J].《浙江社会科学》，2002（5）.

[13] 张允熠、袁德磊 . 马克思主义哲学是科学的无神论 [J].《学术界》，2002（6）.

[14] 陈卫平 . 中国哲学史研究的学科自觉——从胡适到冯友兰 [J].《中国哲学史》，2003（2）.

[15] 张允熠、张瑞涛、陶武 . 从儒学跌落到近现代哲学革命——

中国近现代主流文化意识形态的转型 [J].《安徽师范大学学报》（人文社会科学版），2004（7）.

[16] 唐文明 . 历史的任务与儒教的自我主张 [J].《浙江学刊》，2005（1）.

[17] 陈卫平 .“金岳霖问题”与中国哲学史学科独立性的探求 [J].《学术月刊》，2005（11）.

[18] 张立文 . 论儒教的宗教性问题（上）[J].《学术学刊》，2007（8）.

[19] 张立文 . 论儒教的宗教性问题（下）[J].《学术月刊》，2007（9）.

[20] 陈来 . 中国哲学研究三十年回顾（1978~2007）[J].《天津社会科学》，2008（1）.

[21] 张立文、段海宝 . 中国哲学三十年来的回顾与展望 [J].《社会科学战线》，2008（3）.

[22] 杨国荣 . 回归智慧——近 30 年中国哲学研究概览 [J].《华东师范大学学报》（哲学社会科学版），2008（6）.

[23] 李承贵 .30 年来中国哲学研究的四大成就 [J].《福建论坛》（人文社会科学版），2008（10）.

[24] 张岂之 . 略论任继愈先生的学术研究与唯物史观 [J].《华夏文化》，2009（12）.

[25] 蒋玉智、陈红兵 . 马克思主义指导研究中国哲学的经验与启示——任继愈的中国哲学史研究成就 [J].《学术界》，2010（4）.

[26] 李申 . 任继愈的学术之路与学术贡献 [J].《社会科学战线》，2010（6）.

[27] 赵修义 . 不该湮没的一次“百家争鸣”的尝试——纪念 1957

年1月中国哲学史座谈会55周年(上)[J].《毛泽东邓小平理论研究》，2012（1）.

[28] 陈卫平 .“抽象继承法”蕴含的问题：传统哲学何以具有当代价值 [J].《社会科学》，2013（5）.

[29]柴文华、杨辉.任继愈的朱子学研究[J].《中州学刊》，2014（4）.

[30] 任重、任远 . 一份谈话记录和半个世纪的演绎 [N]，《中华读书报》，2016 年 4 月 6 日 .

附　录　任继愈年谱及哲学著作年表

1916 年（民国五年）

4月15日，出生于山东省平原县一个传统四世同堂的家族。祖父及祖父以上多有读书人，父亲任箫亭毕业于保定军官学校，与国民党高级将领刘峙、顾祝同等同班或同级，曾获少将军衔，好读书、性耿直、不折腰事权贵，被国民党嫡系视为“异己”。抗战时期曾参加老河口战役，后转任参议闲职；母亲宋国芳，出身平原县一户乡绅家庭，五十岁学识字，后能与子女往来书信。在父母的言传身教之下，任继愈自小懂得学习和做人的道理。任继愈后来回忆这样的家族，得到的却是“并非和睦”“社会发展的阻力”“内心比较反感”“表面上是和和气气，内心是勾心斗角”的生活记忆，而这些生活记忆累积于任继愈的内心世界。这种最初的生命体验，或许是构成他后来对传统文化中的糟粕所持否定性情感和批判立场的一种动力来源。

1919 年（民国八年）

任箫亭自立门户，任继愈随父母身边到鲁南一带生活，在家初步接受私塾教育；是年，患白喉病症，父亲从军在外，母亲精心照料，幸运地存活下来。

1920 年至 1923 年（民国九至十二年）

任继愈幼年家庭物质条件一般，却有自由宽松的精神发展空间。

1924 年至 1927 年（民国十三至十六年）

就读于山东省济南市省立第一模范小学（后改名为大明湖小学）。当时北洋政府提倡尊孔读经，任继愈在初小阶段完成“四书”（《论语》《大学》《中庸》《孟子》）、《古文观止》《红楼梦》《三国演义》等的阅读，初步接受了良好的古典文本的教育。比如写作有“吾乡多树，每值夏日，浓荫匝地以待行人憩焉”的文句。此外，还初步接触了现代学科制度下的小学教育，如国文、数理化、英语等课程。

1928 年至 1930 年（民国十七至十九年）

在山东省平原县立初级中学就读。任继愈开始感受到五四运动带来的风气之变，初步接触新文学，知道北京大学以及“五四”之际的风云人物，念鲁迅、郁达夫、郭沫若等人的文章，尤爱鲁迅的作品，如《呐喊》《彷徨》等。

1931 年至 1933 年（民国二十至二十二年）

就读于北京大学附属高中（仅办四年两届，毕业六个班级），逐步系统接受现代中学教育，受到独立思考、自由竞争等现代教育理念的洗礼：素质教育选修课（钢琴、提琴等音乐课，国画、西洋画等美术课，哲学课等）、体育课、外语选修课（德语、法语等）、文理学、英文选修课、“党义”课等。其中，任继愈的国文老师即为北京大学哲学系毕业生。就学期间阅读过张煦、胡适、梁启超、唐兰、冯友兰等人的关于老子年代的讨论文章，学习过先秦孔、孟、荀、韩非、老、庄诸子的相关著作，初萌哲学研究的兴趣。

1934 年（民国二十三年）

考入北京大学哲学系，学习西方哲学。受教于汤用彤（讲授哲学概论）、郑昕（讲授逻辑课）、熊十力（讲授新唯识论）、钱穆（讲授国史大纲）、卞之琳和钱学熙（讲授外语）等。当时的北大学风对其学业和性格的培养裨益良多。大学一年级主修汤用彤哲学概论、郑昕逻辑课。任继愈学习哲学的原因在于他把哲学看成是“研究真理的学问”。借助斯宾诺莎“为真理而死不容易，为真理而活着就更难”的名言砥砺自己，多与图书馆的经典相伴，悠游于求闻学问之间。

1935 年（民国二十四年）

北京大学哲学系二年级，学习西方哲学史，钱穆的中国通史等课程。在中国哲学会第四届年会上，初识张岱年。去熊十力家学习，切实感受到熊十力不媚俗依附权贵、光明磊落、疾恶如仇的为人品格和为理想百折不回、精进学问、勇往直前、义无反顾的为学之道。由此可见，学生时代的任继愈受熊十力所传承的儒家传统精神影响颇多。

1936 年（民国二十五年）

北京大学哲学系三年级，学习黑格尔哲学及斯宾诺莎哲学的选修课。同年，年末寒假之时，拟报考北大研究生，开始撰写《王阳明哲学》论文。

1937 年（民国二十六年）

北京大学哲学系四年级，由西方哲学转向中国哲学。在贺麟指导下构思撰写毕业论文《朱子哲学》。同年抗日战争爆发，北京大学南迁至湖南衡山脚下。任继愈参加北大“湘黔滇旅行团”，徒步行走三千三百多公里，历时两个多月至云南昆明，入国立西南联合大学。抗战爆发之后的国家之前途，民族之命运蹬然成为任继愈转向中国哲学史研究的助力。

1938 年（民国二十七年）

完成大学学业，从国立西南联大毕业，开始担任贺麟的助教。

1939 年至 1940 年（民国二十八至二十九年）

考取并就读于西南联合大学——北京大学研究院文科研究所

（第一批研究生），师从汤用彤、贺麟攻读中国哲学史和佛教史，并担任贺麟在中央政治学校的助教。

1941 年（民国三十年）

修完研究生学业，从西南联大（北京大学文科研究所）毕业，论文题目《理学探源》，获硕士学位，开始留校任教。

1942 年至 1944 年（民国三十一至三十三年）

担任西南联大哲学系研究助教，执教于北京大学哲学系，讲授中国哲学史、宋明理学、中国哲学问题、朱子哲学、华严宗研究、佛教著作选读、隋唐佛教和逻辑学等课程，并担任北京师范大学中国哲学史课程授课老师[①]。

参与中国哲学会西洋哲学名著编译委员会主编的《西洋伦理学名著选辑》，并译著（上卷）第六篇《理智的德性》。贺麟在该书序中评述“任继愈君对斯多葛派的伦理思想似特有同情了解，他译到会心处，译笔的畅达有似抒发自己的思想一样”[②]。

1945 年（民国三十四年）

抗战胜利，任继愈偕家返回北京，继续执教于北京大学哲学系。

① 汪子嵩：《一次争鸣的讨论会》，《读书》，1994年第9期。“我是冯先生的学生，一九四三年在西南联大听他讲‘中国哲学史’课，他只讲了一个学期就到重庆中央政治学校讲学去了，第二学期由任继愈先生代授。”

② 中国哲学会西洋哲学名著编译委员会主编：《西洋伦理学名著选辑》（上卷），商务印书馆，中华民国三十三（1944）年，第2页。

1946 年（民国三十五年）

《郭象〈庄子注〉与〈庄子〉》，《文讯》，1946年第6卷第3期。

1947 年（民国三十六年）

《朱子的教育哲学》，《教育短讯》，1947年第2期。

《宋明理学家的教育哲学——从朱子到王阳明》，《读书通讯》，1947年第133期。

《自由的限度》，《中兴周刊》（青岛），1947第7期。

《人心与政治》，《正论》（北平），1947年第7期。

《禅学与儒学》，《山东新报·问学周刊》，1947年11月21日。

1948 年（民国三十七年）

《为人与成佛》，《世间解》，1948年第9期。

1949 年

在北京大学迎来中华人民共和国的诞生。

1950 年

《坚决反对享乐腐化！——〈高士一反省享乐腐化思想〉的反响》，原载《人民日报》，1950年5月5日。

1951 年至 1952 年

参加“中国新哲学研究会”和学习马克思主义。

1953 年

《马建忠的思想》，《中国近代思想史论文集》，人民出版社，1953年版。

《何启、胡礼垣的改良主义思想》，《中国近代思想史论文集》，人民出版社，1953年版。

1954 年

《魏晋玄学中的社会政治思想和它的政治背景》（署名：汤用彤、任继愈），《历史研究》，1954年第3期。

《〈孙子兵法〉中的辩证法因素》，《光明日报》，1954年4月21日。

《长期被埋没的民主思想家——邓牧》，《光明日报》，1954年9月5日。

《胡适的实验主义思想方法批判》，《光明日报》，1954年12月1日。

《老子年代及其著作》，《光明日报》，1954年7月28日和8月25日。

1955 年

担任《北京大学学报》人文科学版编辑。

《〈魏晋南北朝佛教〉重印后记》。

《南朝晋宋间佛教“般若”“涅槃”学说的政治作用》（首次发表于1955年）。

《肃清科学研究工作中胡适思想方法的流毒》，《科学通讯》，1955年2月号。

与石峻、朱伯崑合编《中国近代思想史讲授提纲》，人民出版社，1955年3月第1版。

《论胡适在禅宗史研究中的谬误》，《历史研究》，1955年第3期。

《韩非社会政治思想的几个问题》，《文史哲》，1955年第4期。

《批判梁漱溟的生命主义哲学》，《人民日报》，1955年9月22日[1]。

1956 年

加入中国共产党。

兼任中国科学院哲学研究所研究员，成为中华人民共和国成立后培养的第一批副博士研究生。

《介绍老子的哲学》，《光明日报》，1956年1月11日“哲学”第48期。

《中国古代医学和哲学的关系——从〈黄帝内经〉来看中国古代医学的科学成就》，《历史研究》，1956年第5期。

《司马迁的哲学思想》，《新建设》，1956年第6期。

《鲁迅同中国古代伟大思想家们的关系》，《科学通讯》，1956年第6期。

① 杨春贵主编：《中国哲学四十年》（1949—1989），中共中央党校出版社，1989年9月第1版，第43~44页。

《从〈内经〉看中医的理论基础》，《江西中医药杂志》，1956年第6期。

《墨子》，上海人民出版社，1956年版。

《老子今译》，古籍出版社，1956年版。

《魏晋清谈的实质和影响》，《历史教学》，1956年第10期。

《中国古代大军事家孙武》，《八一杂志》，1956年第108期。

《韩非哲学的性质》，《历史教学》，1956年第10期“问题解答”。

《先秦诸子百家争鸣中所反映的有关古代社会性质问题》，《争鸣》，1956年第12期。

《孟子》（中国思想家人物志），《中国青年》，1956年第18期“中国思想家人物志”。

《庄子》（中国思想家人物志），《中国青年》，1956年第19期“中国思想家人物志”。

《范缜“神灭论”今译》，《人民日报》，1956年11月2日。

《纪念释迦牟尼涅槃二千五百周年》，《人民日报》，1956年12月2日第7版。

《魏晋玄学中的社会政治思想略论》，上海人民出版社，1956年版。

1957年

参加北京大学哲学系发起的“中国哲学史座谈会”，多次参与学术研讨会。

3月2日，任继愈在“中国哲学史座谈会”上批评日丹诺夫哲学史定义的情况被写入北京大学哲学系中国哲学史党支部整理的《中国哲学史座谈会后的一些反映》一文[①]（后来因此事而被划归为“修正主义”）。

《试论中国哲学史的对象和范围》，《光明日报》，1957年1月11日。

《介绍墨子的思想》，《语文学习》，1957年第1期。

《庄子的唯物主义世界观》，《新建设》，1957年第1期。

《中国哲学史讲授提纲》（撰写两汉至隋唐部分），《新建设》，1957年2月号至1958年4月号。

《禅宗哲学思想略论》，《哲学研究》，1957年第4期。

《中国哲学研究在苏联》，《北京日报》，1957年4月19日。

《在中国哲学史的研究中所遇到的几个困难问题》，《中国哲学史问题讨论集》，科学出版社，1957年版。

《苏联哲学界争论的一些问题》，《新建设》，1957年第5期。

1958 年

《从〈青春之歌〉回忆当年》，《文学知识》，1958年第1期。

《把个人主义连根拔掉》，《中国青年报》，1958年6月11日。

① 李申:《任继愈传》，河北人民出版社，2016年，第112页。“任继愈同志（北大哲学系教授）对日丹诺夫的定义仍有不同看法，他说如果这个定义大家都了解错了，可见是定义的问题。例如过去高教部所提出的‘全面发展’为什么所有校长都了解错了呢？那不就是因为方针有问题，所以现在才补上‘因材施教’”。

《拔掉冯友兰先生的唯心主义哲学的白旗》，《北京日报》，1958年8月27日。

1959 年

10月14日凌晨两点半，毛泽东主席接任继愈至中南海谈中国哲学史和宗教研究等问题。毛泽东与任继愈见面的第一句话就是，你的书我都看过，又说我们过去搞都是搞无神论，搞革命的，没有顾得上宗教这个问题，宗教问题很重要，要开展研究。

《哲学系在农村进行的科学研究工作》，《北京大学学报》（人文科学），1959年第1期。

《历代农民革命战争对中国哲学史的作用》，《光明日报》，1959年4月5日。

《春秋时代天文学和老子的唯物主义思想》，《北京大学学报》（人文科学），1959年第4期。

《五四精神》，《语文学习》（北京），1959年4月刊。

《从中国古代科学与民主思想的发展看五四运动的科学与民主精神》，《光明日报》，1959年5月3日。

《老子的研究》，《光明日报》，1959年5月24日。

《十年来从事中国哲学史工作的一点体会》，《文汇报》，1959年9月22日。

《论老子哲学的唯物主义本质——兼答关锋、林聿时同志》，《哲学研究》，1959年第9期。

《论哲学史的继承问题》，《新建设》，1959年12月。

1960 年

《天台宗哲学思想略论》，《哲学研究》，1960年第2期。

1961 年

6月，中共中央宣传部和高等教育部联合组织和领导编写高等学校文科教材，委托任继愈负责主编《中国哲学史》。

《华严宗哲学思想略论》，《哲学研究》，1961年第1期。

《〈易经〉和它的哲学思想》，《光明日报》，1961年3月31日。

《古代神话传说中唯物主义思想的萌芽》，《文汇报》，1961年4月18日。

《庄子探源之一——从唯物主义的庄周到唯心主义的“后期庄学”》，《哲学研究》，1961年第2期。

《孔子政治上的保守立场和哲学上的唯心主义》，《北京日报》，1961年7月21日。

《庄子探源之二》，《光明日报》，1961年8月25日。

《庄子探源之三——论庄周哲学思想的阶级实质》，《北京大学学报》（人文科学），1961年第5期。

《释〈老子〉书中的“式”》，《文汇报》，1961年12月10日。

1962 年

3月7日，在北京大学讲堂主讲“中国佛教哲学概论”。

7月5日，在“孔子哲学思想问题”会议上发言。

《先秦诸子与百家争鸣》，《工人日报》，1962年2月10日。

《法相宗哲学思想略论》，《哲学研究》，1962年第2期。

《老子的朴素辩证法思想》，《教学与研究》，1962年第2期。

《关于〈物不迁论〉》（附今译），《学术月刊》，1962年第2期。

《墨子生卒年简考》，《文史哲》，1962年第2期。

《孔子——奴隶社会的保守派　封建社会的“圣人”》，《北京大学学报》（人文科学），1962年第5期。

《孔子的“仁”的保守思想中的进步意义》，《学术月刊》，1962年第7期。

《释〈庄子·齐物论篇〉的“以明”》，《文汇报》，1962年9月6日。

《汉—唐佛教论集后记》，1962年10月1日。

《庄子探源之四——“后期庄学”（内篇）的唯心主义哲学体系》，《北京大学学报》（人文科学），1962年第5期。

《庄子探源之五——庄周的唯物主义哲学思想》。

《唯物主义的王夫之为什么反对唯物主义的老子？》，《光明日报》，1962年12月21日。

1963年

12月30日，毛泽东在关于加强外国工作的报告指示稿上写批语，称“任继愈发表的几篇谈佛学的文章，已如凤毛麟角”。

《汉唐时期佛教哲学思想在中国的传播和发展》，《光明日报》，1963年2月15日。

《关于〈不真空论〉》（附今译），《学术月刊》，1963年第3期。

《关于〈杜阳杂编〉》（节录）。

《汉—唐佛教简明年表》。

《王弼“贵无”的唯心主义本体论》，《北京大学学报》（人文科学），1963年第3期。

《先秦哲学无“六家”——读司马谈〈论六家要旨〉》，《文汇报》，1963年5月31日。

《如果老子是唯物主义者》，《哲学研究》，1963年第6期。

《李筌的唯物主义观点和军事辩证法思想》，《北京大学学报》（人文科学），1963年第6期。

《中国哲学史》（四卷本）第1、2册，人民出版社，1963年初版。

《是神造人，还是人造神？》，《中国青年报》，1963年7月25日。

《研究哲学史首先要尊重历史》，《哲学研究》，1963年第7期。

《孔子讲的“仁”能不能是人类普遍的爱》，《学术月刊》，1963年第8期。

12月，《汉—唐中国佛教思想论集》第一版，生活·读书·新知三联书店（1972年再版，1981年三版，1991年四版）。

1964 年

7月，遵照毛泽东关于加强外国工作的报告上的批示精神，负责筹建国家第一个宗教研究机构——中国科学院世界宗教研究所，任所长。

《从佛教经典的翻译看上层建筑与基础的关系》（收入《汉—唐中国佛教思想论集》第二版）。

《中国哲学史》（四卷本）第3册，人民出版社，1964年初版。

《刘知几的进步的历史观》，《文史哲》，1964年第1期。

《中国古代朴素唯物主义的特点》，《人民日报》，1964年4月19日。

《尼泊尔友好访问记》，《文汇报》，1964年4月23日。

《中国哲学史发展规律的探索》，《人民日报》，1964年6月27、28日。

《悼念汤用彤先生》，《历史研究》，1964年第3期。

《韩非》，上海人民出版社，1964年版。

1965 年

《论〈齐物论〉不代表庄周思想》，《文史哲》，1965年第4期。

1966 年

《旧经新见——读赵纪彬同志一篇论文的感想》，《哲学研究》，1966年第1期。

《永远以群众为师》，《人民日报》，1966年3月24日。

1972 年

《汉唐佛教思想论集》（再版附言），1972年10月1日。

1973 年

10月2日，出席中华人民共和国成立二十四周年国庆招待会。

4月，《汉唐佛教思想论集》（第二版）由人民出版社出版。

10月，主编的《中国哲学史简编》由人民出版社首版。

1974 年

10月1日，出席中华人民共和国成立二十五周年国庆招待会。

《〈孙膑兵法〉的哲学思想》，《文物》，1974年第3期。

1975 年

10月1日，出席中华人民共和国成立二十六周年国庆招待会。

1977 年

10月1日，出席中华人民共和国成立二十八周年国庆招待会。

《历史的真实与骗子的虚构——批判“四人帮”关于秦汉之际“儒法斗争”的谬论》，《安徽劳动大学学报》（哲学社会科学版），1977年第4期。

《秦汉的统一与哲学思想的变革——“四人帮”歪曲历史的罪证之一》，《历史研究》，1977年第6期。

《研究宗教，批判神学——纪念毛主席逝世一周年》，《光明日报》，1977年9月27日。

1978年

7月—8月，开始在中国社会科学院世界宗教研究所招收宗教学专业的研究生，并承担“文化大革命”结束后第一届研究生《佛教概论》与《古汉语》两门课程的讲授。

9月28日，当选为全国人大代表。

12月10日—19日，出席在南京举行，由中国社会科学院世界宗教所和南京大学哲学系联合发起的中国无神论学术研讨会，当选首届中国无神论学会会长；在这次会议上，任继愈提出“儒教是教”说。

《老子新译》，上海古籍出版社，1978年版，1985年修订版。

《肃清“四人帮”流毒，发展社会科学》，《光明日报》，1978年3月30日。

《批判“影射史学”，恢复哲学史的本来面目》，《哲学研究》，1978年第3期。

《对哲学史上的问题要作具体分析》，《红旗》，1978年第6期。

《忆毛主席谈古为今用》，《文汇报》，1978年12月20日。

1979年

1月28日，出席在北京召开的“中国无神论学术研讨会”，做主题发言。

3月15日，参加在昆明召开的“全国宗教学研究会议”，做主题发言，并担任首届中国宗教学学会理事长。

7月19日，参加北京市哲学会召开的“中国哲学史方法论问题”研讨会。

10月10日—17日，在山西省太原市参加由中国社会科学院哲学研究所、北京大学哲学系、中国人民大学哲学系、山西省社会科学院哲学研究所联合主办的“全国中国哲学史方法论问题讨论会”，即“太原会议”；担任成立的中国哲学史学会副会长，并做《如何看待哲学史上的唯心主义》发言。

《漫话佛学》，《书林》，1979年第1期。

《〈汉唐佛教思想论集〉日译本序》，《汉唐佛教思想论集》，东方书店，1980年版。

《关于〈般若无知论〉》（附今译），《世界宗教研究》，1979年第1辑。

《破除迷信，解放思想，发展马克思主义的宗教学》，《世界宗教研究》，1979年第1期。

《儒家与儒教》，1979年任继愈访问日本，做“儒家与儒教”学术报告，该文是根据报告原文补充的改写本。

《中国哲学史》（四卷本）第4册，人民出版社，1979年版。至此，《中国哲学史》（四卷本）全部出版（其中第1—3册为修订版，初版于1963—1964年）。

《为发展马克思主义的宗教学而奋斗》，《哲学研究》，1979年第4期。

《学习中国哲学史三十年》（代序），《哲学研究》，1979年9期。

1980年

1月16日—4月29日，任继愈应加拿大多伦多大学宗教研究中心的邀请讲学，主讲《中国哲学史》和《道教》两门课程。

《美学与宗教》，1980年前后任继愈在北京大学讲授宗教学，为期一年，本文系授课讲稿。

《论儒教的形成》，《中国社会科学》，1980年第1期。

《克服两个缺点》，《中国哲学史研究》，1980年第1期。

《论儒教的形成》（根据1979年访日时所作《儒家与儒教》学术报告补充改写而成），《中国社会科学》，1980第1期。

《儒家与儒教》，《中国哲学》（第三辑），生活·读书·新知三联书店，1980年。

《如何看待哲学史上的唯心主义》，《中国哲学史方法论讨论集》，中国社会科学出版社，1980年版。

《关于中国封建主义的问题》，1980年9月18日，陕西省哲学学会在西安召开，本文是任继愈在会上的长篇发言，另刊于《人文杂志》，1980年第6期。

《漫谈封建主义与社会主义》，《百科知识》，1980年第9期。

《如何看待社会上不合理的现象》，《中国青年报》，1980年10月28日。

《朱熹思想研究》序，1980年12月，张立文著《朱熹思想研究》，中国社会科学出版社，1981年版。

1981年

6月13日，担任国务院学位委员会学科评议组学位委员。

8月，参加方广锠硕士毕业论文答辩。

10月8日，国务院学位委员会第三次会议通过《哲学博士学位授予单位及专业和指导教师名单》，任继愈教授担任中国社会科学院研究生院中国哲学史、宗教学两个学科的指导教师。

参加中国社会科学院部分专家座谈会，学习《关于建国以来党的若干历史问题的决议》发言摘要。

《老子研究的方法问题》，《中国哲学史研究》，1981年第1期。

《访问加拿大与美国观感》，《中国哲学史研究》，1981年第1期。

《论中国哲学史上普遍存在的思想交融问题》，《中国农民报》，1983年2月22日。

《争当第一流的人才》，《中国青年报》，1981年3月17日。

《汉唐佛教思想论集》三版附记，1981年4月4日，北京。

《当前宗教研究中对三个问题的争论》，中央党校研究室编，《理论研究资料》第49期，1981年4月12日。

《学习〈决议〉，推动宗教学研究》，《光明日报》，1981年7月18日。

《中国哲学史论》，上海人民出版社，1981年版。

《中国佛教史》（第一卷），中国社会科学出版社，1981年版。

《汉唐佛教思想论集》（第三版），人民出版社，1981年版。

《宗教词典》，上海辞书出版社，1981年版。

1982 年

3月，在“全国古籍规划整理出版规划会”上，所提“《中华大藏经》整理出版建议”获得通过。

8月，领导《中华大藏经》整理出版工程正式启动。

8月22日，出席西北五省区伊斯兰教学术讨论会（西宁会议），做《宗教研究与哲学研究》报告，文稿发表于《青海社会科学》，1982年第5期。

《哲学与宗教》，《宗教·科学·哲学》，河南人民出版社，1982年版。

《儒教的再评价》，《社会科学战线》，1982年第2期。

《推荐一部哲学入门书——〈通俗哲学〉》，《光明日报》，1982年4月24日。

《中国哲学史的特点》（在《中国哲学史稿》讨论会上的发言），《南京大学学报》，1982年第4期。

《阶级分析方法之一例——如何看待中国古代哲学的民族哲学家》，《南京大学学报》，1982年第4期。

《朱熹与宗教》，《中国社会科学》，1982第5期。

《发扬中华民族优良传统，建设社会主义精神文明》，《云南社会科学》，1982年第5期。

《关于影印汉文大藏经的设想》，《古籍整理出版情况简报》总90期。

《从王充到熊伯龙》，《中国无神论文集》，湖北人民出版社，1982年版。

《伟大的唯物主义者王夫之》，《求索》，1982年增刊“王船山思想研究专辑”。

《评孙叔平著〈中国哲学史稿〉》，《人民日报》，1982年7月2日。

《明清理学评议》，《明清史国际学术讨论会论文集》，天津人民出版社，1982年版。

《当好社会主义国家的主人》，《中国青年报》，1982年11月23日。

《人人有保护文物的责任》，《人民日报》，1982年12月21日。

《宗教学讲义》（1982—1983年北京大学哲学系宗教学专业的讲义），由刘苏根据录音整理，并经作者修改。

1983 年

3月中旬，出席在北京召开《中国大百科全书·哲学卷》编辑委员会成立暨撰稿人大会。编委会由三十位哲学界知名学者组成，胡绳为主任，邢贲思为常务副主任，任继愈、汪子嵩、陈元晖、黄枬森为副主任①。

5月11日，当选第六届全国人大代表。

9月，开始招收第一届博士研究生，原定招收计划二人，一个是中国哲学方向，一个是藏传佛教方向，后因故只招收李申（主攻中国哲学）一人。

① 中国社会科学院哲学研究所编：《中国哲学年鉴1984》，中国大百科全书出版社，1984年，第426页。

11月1日—2日，参加在北京大学举行的“纪念汤用彤先生诞辰九十周年纪念会”，做纪念发言[①]。

12月30日，北京大学哲学系举行冯友兰先生从教六十周年、张岱年先生从教五十周年庆祝会，二位先生的同事、好友项子明、张学书、朱光潜、陈岱孙、江泽涵、褚圣麟、王宪钧、邓广铭、沈有鼎、任继愈、石峻、王明、王庆淑等，前清华大学校长梅贻琦的夫人韩咏华，以及二位先生的历届学生和在京的中国哲学史工作者共一百余人出席了茶话会[②]。

《回忆郑毅生先生几件事》，《南开史学》，1983年第1期。

《论汤用彤先生治学的态度和方法》，《中国史研究》，1983年第2期。

《我是怎样研究起佛学的》，《书林》，1983年第2期。

《研究中国哲学史的基本功》，《中国哲学史研究》，1983年第2期。

《破除封建迷信，建设社会主义精神文明》，《求索》，1983年第2期。

《无神论发展的新的历史阶段》，《厦门日报》，1983年3月19日。

《敦煌〈坛经〉写本跋》，《1983年全国敦煌学术讨论会文集

① 中国社会科学院哲学研究所编：《中国哲学年鉴1984》，中国大百科全书出版社，1984年，第447页。

② 中国社会科学院哲学研究所编：《中国哲学年鉴1984》，中国大百科全书出版社，1984年，第449页。

（文史·遗书编下）》，甘肃人民出版社，1987年版。

《关于破除封建迷信的几个问题》，《光明日报》，1983年5月2日。

《建设社会主义精神文明与中国国情》，《福建论坛》（社科教育版），1983年第4期。

《辽藏笔谈》，《中国历史博物馆馆刊》，1983年第5期。

《中国哲学发展史》（先秦卷），人民出版社，1983年版（其中一部分曾以《中国哲学史的对象和方法》为名发表于《中国哲学》1982第8辑）。

《〈中国少数民族哲学思想史论集〉序》，《哲学研究》，1983年第6期。

1984年

2月10日，参加亚洲议员人口和发展论坛。

4月，参加在福州召开的落实全国哲学社会科学“六五”规划项目大会，谈及为什么要把《中国道教史》这个课题列入国家重点科研项目之时，曾慷慨激昂地说：“道教本来是我国土生土长的传统宗教，可是，长期以来，是由我们国家提供材料，让外国人去出成果，这是国家的耻辱、民族的耻辱，这种状况再也不能继续下去了，我们一定要痛下决心，编出自己的道教史来，为国家争光，为民族争光。”[①]

7月，招收博士生两名，金正耀（主攻道教，侧重外丹研究）和

① 卿希泰主编：《中国道教思想史》（第一卷），人民出版社，2009年，第3页。

方广锠（主攻佛教，侧重佛教文献学研究）。同年，接收从南京大学转来的另一博士生赖永海（主攻佛教，侧重佛教思想研究）。

9月6日，参加“空海大师圆寂1150周年纪念会”。

10月，参加为期六天的第一次“佛教和民族文化国际会议”，做《佛教与中国文化》为主旨的发言。

12月25日，参与筹办中国文化书院导师会议，提出“没有校舍没有经费都不要紧，我们有人嘛，在‘文革’中不是办过草棚大学吗？那我们就办草棚大学，不必去等那些东西了”[①]。

《唐宋以后的三教合一思潮》，《世界宗教研究》，1984年第1期。

《坚持唯物史观是社会科学工作者的职责》，《光明日报》，1984年3月1日。

《〈印度佛教史〉汉译本序》，《晋阳学刊》，1984年第5期。

1985 年

联合北京大学，合作培养宗教学专业本科生。

招收博士研究生一名：何光沪（主攻宗教学原理）。

7月，参加中国社会科学院“联合国教科文组织佛教艺术巡回展专家咨询会议”。

12月2日，与季羡林致信胡启立，谈藏学研究。

同月，在湖北黄冈出席由北京大学、武汉大学、湖北省政协

---

① 汤一介：《纵浪大化中，不喜亦不惧》，转引自 http：//www.21ccom.net/articles/thought/zhongxi/20150411123507.html

等单位联合举办的“纪念熊十力先生诞辰一百周年国际学术研讨会”，并做《熊十力先生的为人与治学》主旨发言。

《中国文化的特点》，《承德师专学报》，1985年第1期。

《民族文化的形成和特点》，《中国文化研究集刊》（第2集），复旦大学出版社，1985年版。

主编《中国哲学发展史》（秦汉卷），人民出版社，1985年2月初版。

《魏晋玄学研究如何深入》，《文史哲》，1985年第3期“魏晋玄学笔谈”。

《知识分子的地位和待遇》，《群言》，1985年第4期。

《〈中国佛教史〉（第二卷）绪言》，中国社会科学出版社，1985年版。

1986 年

1月1日，在中国文化书院“中外文化比较讲习班”开学典礼上发表讲话。

招收博士研究生一名：宋立道（侧重南传佛教）。

参加博士研究生李申的博士论文《中国古代哲学和自然科学》答辩。

《评马连良等彝文〈劝善经〉译注》，《彝文〈劝善经〉译注》，中央民族学院出版社，1986年版。

《瞻望中国哲学史研究的前景》，《华东师范大学学报》（哲学社会科学版），1986年第1期。

《整理古籍也要走现代化的道路》，《古籍整理研究》，1986年第1期。

《已具备了研究孔子的条件》，《孔子研究》，1986年第2期。

《中国佛教的特点》，《世界宗教研究》，1986年第2期。

《重印〈道藏辑要〉》的意义，《人民日报》，1986年7月4日第5版。

《彝族文化研究的重要资料——〈爨文丛刻〉（增订版）》，《文献》，1990年第2期。

《佛教与儒教》，《文史知识》，1986年第10期。

《要提高全民族的民主意识》，《群言》，1986年第11期。

《我的书斋》，《光明日报》，1986年12月13日。

《论魏晋南北朝社会思想的交融》，《中国文化与中国哲学》，东方出版社，1986年版。

《人才问题杂议》，《群言》，1986年第12期。

1987年

1月26日，偕夫人冯钟芸到冯友兰家中拜年[1]。

11月4日，参加中国社会科学院专家、学者座谈会。

12月，出席厦门大学主办“国际朱熹学术讨论会”，并提交《论白鹿洞书院学规》的论文。

① 蔡仲德：《冯友兰先生年谱初编》，河南人民出版社，2001年，第720页。

同年，担任北京图书馆（现国家图书馆）馆长。[①]

《〈五台山古诗选注〉序》，《五台山研究》，1987年第1期。

《学术职称评定权力最好下放》，《群言》，1987年第3期。

《敦煌〈坛经〉写本跋》，《1983年全国敦煌学术讨论会文集（文史·遗书编下）》，甘肃人民出版社，1987年版。

《道家与道教》，《文史知识》，1987年第5期。

《为繁荣中华民族的文化做出贡献——纪念北京图书馆建馆75周年》，《图书馆学通讯》，1987年第4期。

《论朱熹的四书集注》，岳麓书社版《四书集注》前言（1987年版）。

1988 年

1月，参加在北京召开的“中国现代哲学史首届全国学术研讨会”，做《克服困难，填补空缺》的主题发言，收入《中国现代哲学与文化思潮》学术论文集。[②]

3月14日，当选第七届全国人大代表。

8月，参加博士研究生方广锠博士论文《八—十世纪汉文大藏经研究》答辩。

9月11日，参加《现代化》杂志主办的“科学与文化论坛”座谈

① 国家图书馆编：《永远的怀念——任继愈先生百年诞辰纪念文集》，国家图书馆出版社，2016年，第1页。

② 中国现代哲学史研究会编：《中国现代哲学与文化思潮》，求实出版社，1989年。

会，做《清除小农经济思想的影响》主题发言。

12月，参加《现代化》杂志“科学与文化论坛”座谈会。

参加中日第二次佛教学术会议，并做《禅宗与中国文化》为题的发言，《世界宗教研究》，1988年第1期（又载于同年《社会科学战线》第2期）。

《在五台山研究会首届学术思想讨论会上的发言》，《五台山研究》，1988年第1期。

《在人民大学图书馆建馆50周年科学讨论会上的讲话》，《图书馆学通讯》，1988年第2期（总第14卷第66期）。

《中国佛教史》第三卷序，中国社会科学出版社，1988年版。

《中国哲学发展史》（魏晋南北朝卷），人民出版社，1988年版。

《女皇的苦闷》，《群言》，1988年第4期。

《〈中国佛性论〉序》，（赖永海著，上海人民出版社，1988年版），《哲学研究》，1988年第6期。

《具有中国民族形式的宗教——儒教》，《文史知识》，1988年第6期。

《对我影响最大的书》，《北京日报》，1988年9月16日。

《编辑〈中华大藏经（汉文部分）〉的意义》，《书品》，1988年总第10期。

《关于宗教与无神论问题》，收入《宗教·道德·文化》，宁夏人民出版社，1988年版。

《读徐怀启遗著〈古代基督教史〉》，（徐怀启：《古代基督教史》，华东师范大学出版社，1988年版），曾载《时代与思潮（1）——五四反思》（华东师范大学出版社，1989年版）。

《北大的“老”与“大”》，《精神的魅力》（纪念北大90周年论文集），北京大学出版社，1988年版。

《“实事求是”万岁》，《群言》，1988年第10期。

《清除小农经济思想的影响》，《自然辩证法报》，1988年第20期。

1989 年

2月1日，春节将至，下午偕夫人冯钟芸到冯友兰家中拜早年[①]。

《中国古代宰相的职能》，《群言》，1989年第1期。

《贺著〈五十年来的中国哲学〉序》，贺麟《五十年来的中国哲学》，辽宁教育出版社，1989年版。

《〈道藏提要〉序》，《世界宗教研究》，1989年第4期。

《〈中国古代哲学和自然科学〉序》，李申《中国古代哲学和自然科学》，中国社会科学出版社，1989年版。

《洪修平〈禅宗思想的形成和发展〉序》（江苏人民出版社，1992年版），《哲学研究》，1989年第11期。

《中国古代的宦官与君主专制》，《群言》，1989年第11期。

《爱国主义与历史责任感不可分》，《群言》，1989年第12期。

主编《中国道教史》，上海人民出版社，1989年版（中国社会科学出版社于2001年出增订本）。

① 蔡仲德：《冯友兰先生年谱初编》，河南人民出版社，2001年，第757页。

1990 年

10月28日，参加“纪念李达百年诞辰”讨论会。

同年，担任由国务院正式批准启动的，中华人民共和国成立以来最大的文化工程《中华大典》编辑委员会主任。

同年，担任《中国思想家评传丛书》学术顾问。

《彝族文化研究的重要资料——〈爨文丛刻〉（增订版）》，《文献》，1990年第2期。

《神秀北宗禅法》，《中国社会科学》，1990年第2期。

《唐代三教中的佛教》，《五台山研究》，1990年第3期。

《前车之鉴与前鉴之蔽》，《群言》，1990年第5期。

《中国道教史》序，上海人民出版社，1990年版。

《方广锠〈八—十世纪佛教大藏经史〉序》，中国社会科学出版社，1991年版。

《用历史说明迷信》，原为《中国行业神崇拜》（中国华侨出版社，1990年版）的序言。

《地区文化必须研究》，原为《东南文化·天台山文化专号》序（东南文化杂志社，1990年版）。

《曹参、班超离任时对继任者的嘱托》，《群言》，1990年第12期。

1991 年

6月18日—21日，参加在新加坡举行的“汉学研究之回顾与前瞻”国际会议，做《汉学研究在中国》的论文发言。

12月，出席“《周易》问题学术讨论会”，做《把〈周易〉研究的方法问题提到日程上来》论文发言，后刊于《哲学研究》，1992年第1期。

《汉唐佛教思想论集》四版附记，1991年1月。

《民族文化的生命在于吸收、借鉴和改造》，《中国藏学》，1991年第1期。

《中华民族的生命力：民族的融合力、文化的融合力》，《学术研究》，1991年第1期。

《侯外庐和他的学派》，《纪念侯外庐文集》，陕西人民出版社，1991年版。

《繁体字问题》，《汉字文化》，1992年第4期，题为《北京图书馆馆长任继愈先生讲话》，为作者在“繁体字问题座谈会”上的发言。

《“伪书”并不全伪》，《群言》，1991年第6期。

主编《道藏提要》，中国社会科学出版社，1991年版。

《金正耀〈道教与科学〉序》，中国社会科学出版社1991年版、台湾晓园出版社1994年版。

《从中华民族文化看中国哲学的未来》，《哲学研究》，1991年第11期。

《文化遗产的寿命》，《群言》，1991年第11期。

《〈中华民族优秀传统汇典〉读后》，《人民日报》，1991年12月10日第8版。

《任继愈学术论著自选集》，北京师范学院出版社，1991年版。

《〈医易汇通精义〉序》，《医易汇通精义》，人民卫生出版社，1991年版。

1992 年

2月19日，参加“增强中华民族凝聚力”第二次学术会议。

4月22日，“孙子与齐文化研究会”成立，出任会长。

6月11日，在北京图书馆办公室接受专访，采访稿以《访任继愈：不研究神学，就写不好哲学史》为题收入《说不尽的毛泽东——名人学者访谈录》，辽宁教育出版社、中央文献出版社，1997年版。

9月6日，主持北京图书馆开馆八十周年庆祝会。

《农村富裕以后的喜与忧》，《群言》，1992年第1期。

《武圣孙武》，《孙子学刊》，1992年第1期。

《历史的使命与政治的变革》，《北京图书馆馆刊》，1992年第1期。

《迎接中国哲学的明天》，《中国哲学史》，1992年第1期。

《关心〈周易〉研究，促其健康发展》，《周易研究》，1992年第1期。

《〈林兆恩与三一教〉序》，《林兆恩与三一教》，林国平著，福建人民出版社，1992年版。

《第三次全国古籍整理出版规划会议发言摘要》，《中国典籍与文化》，1992年第2期。

《图书馆学的理论与实践》，《中国图书馆学报》，1992年第2期。

《〈阴符经素书释义〉序》，《中国道教》，1992年第3期。

《悼张跃》，《世界宗教研究》，1992年第3期，为张跃《唐代后期儒学的新趋向》作序，《唐代后期儒学的新趋向》，台湾文津出版社，1993年版。

任继愈同志在《中华大典》工作、编纂会议上的讲话稿，载《中华大典》简报第00期，1992年9月9日。

《〈中国佛教丛书·禅宗编〉序》，江苏古籍出版社，1993年版（据：朝华出版社1999年《学林春秋》初编）。

《〈中国古代哲学名著今（全）译丛书〉总序》，《中国古代哲学名著今（全）译丛书》，巴蜀书社，1992年版。

《老子全译》，巴蜀书社，1992年版。

《韩敬〈法言注〉序》，《法言注》，中华书局，1992年版。

《松公府旧北大图书馆杂忆》，《文明的沃土》，北京大学出版社，1992年版。

《中华民族的青年时代》，原为《全唐诗大辞典》序，《全唐诗大辞典》，山西人民出版社，1992年版。

1993 年

2月23日，当选第八届全国人大代表。

3月5日，与季羡林共同出任澳门文化研究会名誉会长。

6月，参加北京大学中国传统文化研究中心召开的座谈会，讨论成立北京大学国学院事宜。

10月5日，出席“胡乔木文集、诗集出版座谈会”。

11月，出席“佛教文化景点发展现状研讨会”，做主题发言。

《从程门立雪看儒教》，《群言》，1993年第2期。

《中国哲学的过去与未来》，《中国哲学史》，1993年第3期。

《实现中华民族历史使命的巨人——毛泽东》，《中国社会科学院研究生院学报》，1993年第6期。

《朱熹的宗教感情》，《群言》，1993年第8期。

《〈平原县志〉序》，《平原县志》，齐鲁书社，1993年版。

《〈冯友兰先生纪念论文集〉序》，《冯友兰先生纪念论文集》，北京大学出版社，1993年版。

刘禹昌《司空图〈诗品〉义证及其他》序，《司空图〈诗品〉义证及其他》，武汉大学出版社，1993年版。

《〈中国科学技术典籍通汇〉总序》，《中国科学技术典籍通汇》，河南教育出版社，1993年版。

《为建设中华民族的新文化创造条件——〈中国文化大典〉序言》，《中国文化大典》，山西教育出版社，1999年版，本文曾载《文献》杂志，1993年第3期。

1994 年

2月，出席李鹏与科技界、教育界、文化界人士座谈会并发言。

5月，参加《中国文化研究》杂志举行的专题座谈会，与钟敬文、季羡林、张岱年等就弘扬传统文化、加强文化交流等问题发表意见。

5月26日，参加“纪念《在延安文艺座谈会上的讲话》座谈会”

并讲话。

7月，《续修四库全书》出版工程启动，担任学术顾问。

同年，任继愈与邓广铭、周一良、季羡林、石峻、汤一介等学者联合发起“汤用彤学术奖”。

《介绍〈中国佛教宗派丛书〉》，《书与人》，1994年第1期。

《怎样深化老子思想的研究？》，《华夏文化》，1994年第1期。

《原〈中华文化〉发刊词》，《华夏文化》，1994年第1期。

《寻文化之根》，《寻根》，1994年第2期。

《新旧交替之际》，《群言》，1994年第2期“专题座谈——传统文化、改革开放、世界新格局”。

《弘忍与禅宗》，《佛学研究》，1994年总第3期。

《〈山西寺庙大全〉序》（山西经济出版社，1995年版），《五台山研究》，1994年第3期。

《〈般若心经译注集成〉序》，《般若心经译注集成》，上海古籍出版社，1994年版。

《重读〈天演论〉》，《人民日报》，1994年4月6日。

《值得纪念的三十年》，《世界宗教研究》，1994年第4期。

主编《中国哲学发展史》（隋唐卷），人民出版社，1994年版。

《李贽思想的进步性》，《首都师范大学学报》（社会科学版），1994年第5期。

《杰出人物与伟大时代——玄奘的译经事业》，1994年《玄奘研究》首刊号。

在《中国文化研究》出版座谈会上的发言，《中国文化研究》，1994年第3期“《中国文化研究》出版座谈会纪要”。

《中国传统文化的继承与发展》，《齐鲁学刊》，1994年第6期。

《〈昭雪汉字百年冤案——安子介汉字科学体系〉序》，《昭雪汉字百年冤案——安子介汉字科学体系》，社会科学文献出版社，1994年版。

8月，《汉唐佛教思想论集》第四版。

《生生不息　其命维新》，《中国青年报》，1994年9月27日。

1995年

2月，参加在东京举行的国际图联会议。

3月，出席法门寺唐密曼荼学术研究会。

3月15日，在第八届全国人大三次会议上做小组发言。

5月19日，出席外文版《大中华文库》座谈会。

11月15日，参加首届社科界、宗教界研究专家座谈会。

11月26日，出席“《四库全书存目丛书》首发式暨专家鉴评会”，并发言。

12月17日—19日，在清华大学参加由清华大学思想文化研究所、北京大学哲学系、中国社会科学院研究所、中国文化书院、河南省社会科学院、冯友兰学术研究会筹委会联合发起的“中西哲学与文化的融合与创新——纪念冯友兰先生诞辰一百周年国际学术讨论会”，在讨论会上做《20世纪中国哲学的使命感》的发言。

《农民禅到文人禅》，《传统文化与现代化》，1995年第1期。

《〈冯友兰学记〉序》，《冯友兰学记》，生活·读书·新知·三联书店，1995年版。

《〈中国的道教〉日译本序》，《世界宗教研究》，1995年第2期。

《〈苏轼禅诗研究〉序》，［韩］朴永焕著，中国社会科学出版社，1995年版，该序言发表于《佛学研究》，1995年总第4期。

《破除迷信——中国现代化的必由之路》，《长江日报》，1995年4月22日，《自然辩证法研究》1995年第8期转载。

《读〈易〉书札》，《学习杂志》，1995年第5期。

《〈易〉学与人类文明》，《国际易学研究》第一辑，华夏出版社，1995年版。

《〈中国历代图书著录文选〉序》，《中国历代图书著录文选》，北京大学出版社，1995年版。

《发扬传统道德的途径在于提高人民群众的文化素质》，《群言》，1995年第7期。

在“捍卫科学尊严，破除愚昧迷信”研讨会上作《科学家自身的要求和责任》的发言，讲稿发表于《知识就是力量》，1995年第12期。

1996年

八十岁之际，篆刻“不敢从心所欲”图章，以警惕自身要有自知之明，不敢从心所欲，坚守“哪个该做，哪个不该做，哪个绝对不做”的行为规范和道德底线[1]。

① 任继愈著，文明国编：《任继愈对话集：觉悟了的群体才能推动社会》，人民日报出版社，2009年，第38页。

10月14日，在北京图书馆办公室接受“世纪老人的话”编委会专访，访问稿件以《世纪老人的话——任继愈访谈之一》收入《世纪老人的话：任继愈卷》，辽宁教育出版社，1999年版。

《试论“天人合一”》，《传统文化与现代化》，1996年第1期。

《老学源流》，《寻根》，1996年第2期。

《冯友兰先生对中国哲学的继承和发展》，《齐鲁学刊》，1996年第2期。

《〈气功与特异功能解析〉序言》，钟科文《气功与特异功能解析》，当代中国出版社，1996年版。

《〈老子〉难读》，《群言》，1996年第6期。

《谈继承中国传统道德问题》，《传统与选择——中国传统道德大家谈》，中国人民大学出版社，1996年版。

《〈智顗评传〉序》（潘桂明著，南京大学出版社，1996年版），曾以《〈智顗评传〉序——汉传佛教的分期》刊载于《学术集林》卷八。

《任继愈学术文化随笔》，中国青年出版社，1996年版。

《〈马一浮集〉序》，《马一浮集》，浙江古籍出版社，1996年版。

1997年

3月，出席“中日东方思想研讨会”，并做《文化交流前景无限》的讲话，该文后收入《中日东方思想研讨会论文集》，上海三联书店，1997年版。

4月10日，在北京图书馆办公室接受“世纪老人的话”编委会专访，访问稿件以《世纪老人的话——任继愈访谈之二》收入《世纪老人的话：任继愈卷》，辽宁教育出版社，1999年版。

5月26日，在北京参加重建中国无神论学会第一次全体理事会议。与会人员有任继愈（理事长）、于光远（学会顾问）、何祚庥（副理事长）、杜继文（副理事长）、李申（学会秘书长）、郭正谊（理事）等，并做《宣传无神论，发扬科学精神，建设社会主义新文化》的报告（该文刊载于《世界宗教研究》1997第4期），着重探讨了“科学精神”和“无神论思想”问题。

6月，接受《人民日报》记者徐怀谦专访。

7月6日，参加“纪念闻一多教授殉难50周年座谈会”。

7月20日，出席文物出版社建社四十周年座谈会。

10月8日，出席《人民日报》《求是》杂志合办的座谈会并发言。

《中国哲学史的里程碑：老子的“无”》，《中国哲学史》，1997年第1期。

《汉字书法的演变与瞻望》，《传统文化与现代化》，1997年第1期。

《八股文与八股文风评议》，《群言》，1997年第2期。

《出版广角》1997年第3期开设《哲学：人类文明的灵魂——专家学者评〈张岱年全集〉》笔谈，任继愈先生做了书面发言。

《谈谈文化建设与道德发展》，《人民日报》，1997年4月3日。

《中国的国教》，原为《中国儒教史》序，李申著，上海人民出版社1999年、2000年版，该序言发表于《中国哲学史》，1997年第4期。

《易学智慧丛书》总序，《易学智慧丛书》，沈阳出版社，1997年版。

《念旧企新：任继愈自述》，山西人民出版社，1997年版。

《精神文明建设的长期性和紧迫感》，《人民日报》，1997年10月10日。

《国徽设计者》，《中华读书报》，1997年10月15日。

1998 年

4月10日，参加《中华活页文选》举办的座谈会。

5月4日，参加北京大学举行的建校一百周年庆祝大会，在庆祝大会上做题为《赞百年北大》的发言，该文后刊于《光明日报》，1998年2月26日。

5月8日，参加汉学研究国际会议，并发言。

6月5日，出席"《海外中国研究丛书》出版研讨会"，并发言。

9月6日—8日，在北京参加由中国社会科学院世界宗教研究所、台湾法鼓山佛学研究所主办，法鼓大学协办的"佛教与东方文化——纪念佛教传入中国二千年海峡两岸佛教学术会议"；任继愈在大会上做题为《汉传佛教与东方文化》的主题讲演。

11月10日，参加"文艺发展战略研讨会"，并发言。

11月25日，在北京参加由山东淄博学院齐文化研究所与《光明日报》理论部主办的"齐文化与中国传统文化暨《齐文化丛书》"

座谈会，并做《齐文化的产生和研究齐文化的意义》的专题发言，后此文刊发在《济南教育学院学报》，1999年第1期。

《从佛教文化看中国文化的历史演进》，《方法》，1998年第1期。

《汉唐佛教思想论集》，第五版。

《有关蔡元培校长几则轶事》，《北京大学学报》（哲学社会科学版），1998年第2期。

《天台宗与中国佛教》（为第七次中日佛教学术会议论文），《世界宗教研究》，1998年第2期。

《〈惠能评传〉序》，（洪修平、孙亦平著，南京大学出版社，1998年版），《中国哲学史》，1999年第3期。

《文化教育与体育》，《群言》，1998年第6期。

《佛教在中国文化中的地位》，为《中国佛教文化大观》（方广锠主编，北京大学出版社2001年版）序言。

主编《宗教大辞典》，上海辞书出版社，1998年版。

《加强人文科学研究迎接二十一世纪》，《人民论坛》，1998年第8期。

《天人之际》，上海文艺出版社，1998年版。

《〈陈寅恪先生史学述略考〉序》，《陈寅恪先生史学述略稿》，北京大学出版社，1998年版。

《墨子与墨家》，商务印书馆，1998年版。

《我与中华大藏经》，《学林春秋》（初编），朝华出版社，1998年版。

1999 年

4月20日，首都科技界和社会科学界举行以“继承五四传统，弘扬科学精神”为主题的座谈会，纪念五四运动八十周年，任继愈在座谈会上做《科学与民主没有过时》的发言。

7月16日，在北京参加由中国科协、中国无神论学会联合举办的“科学思想传播与无神论宣传”研讨会，并做《学习科学、破除迷信、造就一代新人》为主旨的发言讲话。

9月9日，出席国家图书馆举行建馆九十周年揭牌仪式并讲话。

9月24日，出席“社会科学五十年学术报告会”，致辞并发言。

9月，在武汉大学出席由武汉大学中国文化研究院主办的“郭店竹简国际学术研讨会”，任继愈在研讨会上做题为《郭店竹简与楚文化》的发言，该文后刊发《中国哲学史》，2000年第1期。

11月9日，出席在北京举行的主题为“21世纪的佛教和佛教研究”中日第八次佛教学术会议。

11月25日，参加“齐文化与中国传统文化暨《齐文化丛书》座谈会”。

同年，当选为国际欧亚科学院院士。

《为往圣继绝学　为万世开太平》，《群言》，1999年第1期“共和国与我50年”征文。

《论钱大昕》，《中国典籍与文化》，1999年第2期（《嘉定钱大昕全集》书评）。

《〈中国国家图书馆藏敦煌遗书〉序》（《中国国家图书馆藏敦煌遗书》，江苏古籍出版社，1999年版），《文献》，1999年第4期。

《北大文科研究所师生生活杂忆——纪念罗莘田先生诞辰100周年》，《语文建设》，1999年第5期。

《高举爱国主义大旗，提高民族文化素质——纪念五四运动80周年》，《人民论坛》，1999年第5期。

《拥有与利用》，《中国国家图书馆藏珍本古籍图册》（弁言），1999年版。

《“中国墨子学会”在21世纪所面临的任务》（在第四届墨学国际研讨会开幕式上的发言），《文史哲》，1999年第6期。

《不仅要脱贫，而且要脱愚——谈科学无神论宣传的必要性和意义》，《人民日报》，1999年6月24日第9版。

在庆祝国家图书馆建馆90周年大会上的讲话，《北京图书馆馆刊》，1999年第4期。

《社会科学也是科学》，《人民日报》，1999年8月14日。

《当代鬼神迷信新表现》，收入“邪教问题研究”一栏，1999年9月10日。

《先有人，后有神》，原为《100个不信神的故事》序言，《100个不信神的故事》，李申主编，解放军出版社，1999年版。

《人·自然·社会》（在台湾“人的素质”学术讨论会上的讲话），《人的素质文集》，台湾法鼓人文社会学院，1999年版。

《〈日藏汉籍善本书录〉序》，为严绍璗教授《日藏汉籍善本书录》所写的序言（中华书局，2007年版），曾以《心开目明览杰构——严绍璗教授〈日藏汉籍善本书录序〉》为名，发表于《中华读书报》，1999年10月27日；以《〈日藏汉籍善本书录〉序》为名发表在《书品》，2006年第二期。

《创时代辉煌，对后代负责——介绍〈中华大典〉》，《中国图书评论》，1999年第11期。

《〈论医中儒佛道〉序》，中医古籍出版社，1999年版。

《以禅宗方法整理〈坛经〉》，为《敦煌坛经合校简注》序言（山西古籍出版社，1999年版），曾收入中国禅学研究丛书《六祖坛经研究》（四），中国大百科全书出版社，2003年版。

《〈中国藏书楼〉序》，《中国藏书楼》，辽宁人民出版社，2001年版。

《论韩愈的历史地位——陈著〈韩柳诗文系年〉序》，陈克明《韩愈年谱及诗文系年》，巴蜀书社，1999年版。

2000 年

4月8日，参加北京大学举办由北京大学出版社出版的“《十三经注疏》标点本出版座谈会”，并做题为《璀璨中华文化之花的母树——〈十三经〉》的发言。

5月21日，出席南京大学宗教学系成立大会，任继愈与丁光训、季羡林等受聘为该系首席顾问，并做《宗教与宗教研究》为题的发言。

9月27日，参加北京语言大学“2000年中国传统文化研讨会”。

10月27日，参加“21世纪中华文化世界论坛”首次会议“经济全球化与中华文化走向”。

11月8日，出席中国无神论学会会员代表大会暨2000年学术年会，并做主题为《弘扬科学精神，提高民族素质》的工作报告，该文后刊发于《科学与无神论》，2000年6期。

11月12日，出席北京师范大学、中国社会科学院历史研究所举办的“陈垣诞辰120周年”学术研讨会，做主题发言。

11月28日，出任南京大屠杀民间对日诉讼援助团团长。

《比前一个千年大不相同》，《中国文化研究》，2000年第1期。

《道教图册》序（据《竹影集》，曾以《〈中国道教风貌〉（画册）序》发表于《中国道教》2000年第1期，以《道教为中国传统文化之精神支柱——大型画册〈中国道教风貌〉序》为题发表于《中国宗教》2000年第2期。

《汤用彤全集》序二，《中国哲学史》，2001年第2期。

《科教兴国千年大计》，《中国文化研究》，2000年春之卷（总第27期）。

《新“战国”新“七雄”》，《群言》，2000年第3期。

《做人的原则》，《做人与处世》，2000年第3期。

《建设中国数字图书馆工程》，《人民日报》，2000年4月4日。

《李贽的悲剧结局》，《首都师范大学学报》（社会科学版），2000年第4期。

《系统介绍中国文化与世界游客》，原为《五台山文化丛书》总序，山西人民出版社，2000年版。

《佛教研究的方法和方向》，原为《佛教与历史文化》序言，宗教文化出版社，2001年版。

潘桂明著《中国居士佛教史》序言，《中国居士佛教史》，中国社会科学出版社，2000年版。

《五台山文化丛书》总序，崔正森著《五台山佛教史》，山西人民出版社，2000年版。

《科学与神不并立》，原为《当代无神论教程》序，中国无神论学会编，中国青年出版社，2000年版，该文发表于《科学与无神论》，2000年第4期。

《颇见史识 要言不烦》，《中国图书评论》，2000年第5期，在《清通鉴》出版座谈会上的发言摘录。

《忆刘大年同志的几件小事》，《近代史研究》，2000年第6期。

《二十世纪的文化国耻》，原载《敦煌——纪念敦煌藏经洞发现100周年》，朝华出版社，2000年版。

《中国历史知识三字经》序言，《中国历史知识三字经》，刘东骏编著，中国少年儿童出版社，2000年版。

白祖诚《回忆与思考》序，北京燕山出版社，2000年版。

《科学是人类最可靠的朋友》，《光明日报》，2000年11月14日，又载《科技文萃》2001年第1期。

《国强兴文化 盛世修巨典》，《中国出版》，2000年第11期。

《中国传统文化的光明前景》，《中国文化研究》，2000年冬之卷（总第30期）。

2001 年

2月19日，在国家图书馆办公室接受《新民周刊》的专访，后来该采访文稿发表于3月14日的《新民周刊》。

3月24日，主持中国社会科学院世界宗教研究所召开的“儒教问题研讨会”。

4月5日，接受《光明日报》专访，采访稿以《个人成才离不开社会》为题刊登于该报。

4月29日，出席在北京大学图书馆举行的冯友兰塑像揭牌仪式。

5月19日，在国家图书馆“文津讲坛”主讲《唐玄奘取经与〈西游记〉及其现代启示意义》，参见《文津讲演录》，北京图书馆出版社，2002年版。

6月7日，参加北京市园林局召开的“文化建园”研讨会，建议“要多栽树少种草。马路边种一些树，夏天，骑自行车可以从树下经过，比较凉快。种草有绿无荫，夏天就很难受。特别是种外国的草，还要经常浇水，北京是缺水城市，水很宝贵”。[①]

7月21日—24日，参加由中国社会科学院研究生院、国际中国哲学会、中国哲学史学会联合主办的第十二届国际中国哲学大会在北京召开，会议主题为“中国哲学与21世纪文明走向”。在大会上做《瞻望21世纪的中国哲学》主题讲演。

9月5日，参加《群言》杂志社举行的“重视社会科学，提倡创新思维”座谈会。

9月7日，参加武汉大学主办的熊十力与中国传统文化国际学术研讨会[②]。

10月17日—19日，在北京参加由国家图书馆主办的“中文善

① 周桂钿：《我记忆中的任继愈先生》，《哲人其萎 风范永存：任继愈先生追思录》，国家图书馆出版社，2009年，第70页。

② 武汉大学中国传统文化研究中心主编：《玄圃论学续集——熊十力与中国传统文化国际学术研讨会论文集》，湖北教育出版社，2003年，第4页。

本古籍保存保护国际研讨会”，并做题为《关于中文古籍的保存保护》的开幕式发言。

10月29日，参加国家图书馆举行的“于道全诞辰100周年”纪念座谈会。

11月9日，参加“炎帝文化与二十一世纪中国社会发展”研讨会。

本年，担任“保护民族文化遗产公益系列广告”之长城篇形象代言人，文案由任继愈亲自审定，有“完美真实地将祖先留下的杰作传给子孙后代，是华夏儿女共同的责任”的告诫。

《社会科学的重任》，《中国社会科学院通讯》，2001年1月1日。

《社会科学的作用》，《中国社会科学院研究生院学报》，2001年第1期。

《二十一世纪的中国哲学》，《中国哲学史》，2001年第1期。

《中国农民的革命性与局限性》，《群言》，2001年第1期。

《朱熹格物说的历史意义》，《南昌大学学报》（人文社会科学版），2001年第1期。

《佛教研究的方法和方向》，原为《佛教与历史文化》序言，《佛教与历史文化》，宗教文化出版社，2001年版。

《宗教学理论研究不能脱离实际和现状》，《中国宗教》，2001年第2期。

在《清史》编纂座谈会上的讲话，《清史研究》，2001年第3期。

《让可持续发展思想深入人心（书刊评介）——读〈可持续发

展知多少〉》，《人民日报》，2001年3月20日。

《真心实意维护人权》，《人民日报》，2001年3月30日。

《瞻望二十一世纪的中国哲学》，《中国社会科学院研究生院学报》，2001年第4期。

《〈国际汉学研究书系〉总序》，《国际汉学研究书系》，任继愈主编，大象出版社出版，曾载《人民日报》2001年4月14日，题为《建构文化交流的桥梁》。

《今天看孝道》，原为《中华孝道文化研究论集》序，巴蜀书社2001年版，曾载《人民日报》（海外版）2001年4月23日，又以《谈谈孝道》载《人民日报》，2007年3月11日。

《马克思主义的生命力》，《中国社会科学院研究生院学报》，2001年第4期，系该刊组织的庆祝中国共产党成立八十周年笔谈。

《专家学者谈加强可持续发展战略思想的普及工作——兼评〈可持续发展知多少〉》（发言），《中国图书评论》，2001年第5期。

《防患于未然》，原为《中国消防通史》序，李采芹著，群众出版社，2002年版，《上海消防》，2001年第7期。

《汉学发展前途无限》，《中华读书报》，2001年9月19日。

《齐鲁人杰丛书》序，《齐鲁人杰丛书》，山东教育出版社2001年版。

《（再论）用历史说明宗教》，系作者为《宗教小辞典》所撰写的序言，《宗教小辞典》，上海辞书出版社，2001年版。

《应当开展经典文化建设活动》，《今日浙江》，2001年第11期。

《创新要有胆量，也要有科学良心》，《群言》，2001年第11期。

2002年

1月29日，接受《光明日报》采访，以《重“学史”才能强“立志”——访任继愈先生》为题刊登于该报。

3月23日，北京语言文化大学为学报《中国文化研究》创刊十周年举办会议，邀请顾问、编委参加座谈会，任继愈到会出席并发言，“讲‘二战’，都从欧洲讲起，实际上欧洲是局部战争，中国也是局部战争，应该说日本打中国，是‘二战’的开始。应该通过贵刊向世界宣传中国抗日战争。美国现在有些人与清朝前期的一些人一样，唯我独尊”。[①]

4月，出席中国哲学史学会在井冈山召开的年会，并在会后与周桂钿谈话，内容如下：“齐白石如果六十岁去世，那他啥也不是，他优秀成果都是六十岁以后创作的。我从干校回到北京，那时也是六十岁，才开始写一些有分量的学术论文。六十岁，对你来说，才真正进入学术研究的最好时期。”[②]

4月25日，《人民日报·海外版》刊载题为《白首之心——记任继愈先生》的采访稿。

5月9日，参加《续修四库全书》座谈会，并发言。

7月30日，参加哲学社会科学图书出版社工作座谈会。

8月8日—11日，在山西五台山参加由五台山研究会、山西省社会科学院等主办的“五台山佛教文化国际会议”，并做《五台山

① 周桂钿：《我记忆中的任继愈先生》，《哲人其萎　风范永存：任继愈先生追思录》，国家图书馆出版社，2009年，第70页。

② 周桂钿：《我记忆中的任继愈先生》，《哲人其萎　风范永存：任继愈先生追思录》，国家图书馆出版社，2009年，第71页。

文化是中国传统文化的缩影》讲话，该文后刊发《五台山研究》，2002年第3期。

10月24日，在四川都江堰市出席“‘儒家德治思想与现代社会’国际学术研讨会”，并致开幕式辞。

10月26日，在国家图书馆“部级领导干部历史文化讲座”上做《中华五千年的历史经验》讲演，参见《部级领导干部历史文化讲座》，国家图书馆出版社，2003年版。

同年，担任《中华大藏经（续编）》项目工程主编。

《竹影集》，新世界出版社，2002年版。

《总结往史　留待后人——纪念冯友兰先生百年诞辰》，《追忆冯友兰》，社会科学文献出版社，2002年版。

《壮志未酬的一生：怀念胡绳同志》，《百年潮》，2002年第1期。

《十六国帝王列传》序，《文史月刊》，2003年第1期。

《编修民国史的珍贵史料》，《纵横》，2002年第10期。

高令印《简明中国哲学通史》序，参见高令印《简明中国哲学通史》，厦门大学出版社，2002年版。

《焦树安文集》序，《焦树安文集》，书目文献出版社，2002年版。

李鲸石《望园三言两语诗文集》序，李鲸石《三言两语诗文集》，2002年自印本。

《国家图书馆学刊·西夏研究专号》前言，《国家图书馆学刊·西夏研究专号》，《国家图书馆学刊》，2002年增刊。

《佛教大辞典》，凤凰出版社，2002年版。

《哲人的目光——访中国哲学史学会会长任继愈》，《内蒙古地方志》，2002年第3期。

2003 年

1月29日，参加《清史》编纂工作座谈会。

8月31日，参加《大中华文库》（汉英）对照编纂出版座谈会。

9月11日，接受《光明日报》采访，以《任继愈访谈：关于古籍整理的一些问题——访国家图书馆馆长任继愈先生》为题刊登于该报。

10月3日，在国家图书馆“文津讲坛”学术讲座上做《今天看诸葛亮》的讲演（参见《文津讲演录》之五，国家图书馆出版社，2005年版）。

11月28日—29日，在北京参加中国无神论学会举行的主题为“无神论宣传教育与科教兴国”的2003年学术年会会议。在年会上做题为《无神论教育与科教兴国》的重要讲话，该文后刊发于《科学与无神论》，2004年第1期。

《繁荣哲学社会科学　探索人才培养方法》，《中国人民大学学报》，2003年第3期。

《中国哲学史》（四卷本）2003年修订版《绪论》，人民出版社，2003年版。

《为〈四库全书〉正名》，《中华读书报》，2003年8月13日。

《中国文化发展的一件盛事——为影印文津阁〈四库全书〉鼓与呼》，《文津阁四库全书》，商务印书馆，2003年版。

《二十世纪的中国与中国的哲学家》，《玄圃论学续集：熊十力与中国传统文化国际学术研讨会论文集》，湖北教育出版社，2003年版。

2004 年

3月13日，在《世界文明大系》出版座谈会上做主题发言。

5月，出席“国立西南联合大学研究书系”筹划座谈会。

8月9日，在北京出席中华人民共和国成立后首次全国性哲学学术盛会——中国哲学大会（2004），大会以“新世纪的哲学与中国”为主题，下设“传统与现代”“东方与西方”“科技与人文”三个分议题，任继愈做《旧中国知识分子的爱国主义》主题讲话。

9月5日，在“2004年文化高峰论坛”闭幕式上，与季羡林、杨振宁、白先勇等另外六十九位论坛成员共同签署了“甲申文化宣言”。

9月9日，国家图书馆建馆九十五周年之际任继愈接受专访，访问稿件刊载于《国家图书馆学刊》，2004年第3期。

10月8日，参加在北京人民大会堂举行的“纪念孔子诞辰2555周年国际学术研讨会暨国际儒学联合会第三届会员大会”，在会上做《说忠孝：儒学的回顾与前瞻》主题发言。

10月12日—13日，参加中国社会科学院世界宗教研究所与日本东洋哲学研究所共同主办的“现代文明与宗教对话”的论坛，并做主题发言。

10月16日，在国家图书馆“部级领导干部历史文化讲座”上做题为《今天看〈周易〉》的讲演。

12月18日，出席“易学思维与科技”国际易学论坛第一次会议。

12月21日，参加《国家图书馆藏敦煌遗书》全体工作人员见面会并发言。[①]

12月28日，出席第六届墨子国际研讨会暨《墨子大全》首发式。

主编《中华大藏经总目》，中华书局，2004年版。

《中国封建社会忠孝规范的历史贡献》，《中国社会科学院院报》，2004年1月29日第3版，《北京日报》，2月23日转载为《对忠孝传统应给予新评价》。

《中国儒教论》序，曾以《把儒教放在更广阔的视野里来考察》为题，发表于《云梦学刊》26卷，2005年第2期。

在“坚持科学发展观，推动文化建设与发展——‘文建设与发展’”座谈会作发言，发言要点摘登于《文艺理论与批评》，2004年第3期。

《弘扬人文精神　为人类做贡献》，《光明日报》，2004年7月6日。

《科学无神论给人真理和智慧》，《人民日报》，2004年7月8日。

《我国哲学发展的正道》，《人民日报》，2004年9月10日。

《任继愈论墨子》，《十家论墨》，上海人民出版社，2004年版。

《十川印迹》序，《十川印迹》，西泠印社，2004年版。

《现代文明与宗教对话》，《中国宗教》，2004年第12期。

① 发言全文《任继愈文集》并没有收录，但任继愈研究会编：《任继愈的为人与为学》（第一辑），国家图书馆出版社，2013年，第105~108页；方广锠：《国家图书馆藏敦煌遗书》后记一文有详细刊载。

2005年

1月13日，在国家图书馆办公室接受中国廉政报道网专访，并以《建设廉政文化要汲取中国文化精髓——89岁高龄的国家图书馆馆长任继愈接受中国廉政报道网专访》一文刊载于中国廉政报道网。

4月1日，参加在中国社会科学院举行的“为了汉字文化的伟大复兴”学术研讨会。

4月14日，在本人再三要求下，从担任了十八年的国家图书馆馆长任上荣誉退休，改任名誉馆长（笔者按：从1987年担任国家图书馆馆长至2005年退休，任继愈任职长达十九年，是国家图书馆任期最长的馆长）。①

10月18日，参加中国人民大学国学院开学典礼暨揭牌仪式，并讲话。

12月1日，在国家图书馆“文津讲坛”做《汉字再认识》为题的讲演。

《人类患了“知识结构跛足病”》，《北京日报》，2005年1月24日。

《人文科学内蕴包罗万象》，《科技文萃》，2005年第2期。

《经典教育：孩子们的“维生素”》，《北京教育》（普教版），2005年第2期。

《继续勤奋工作　保护文化遗产——题赠全国图书馆文献抢救工作开展二十周年》，《数字与缩微影像》，2005年第3期。

① 国家图书馆编：《永远的怀念——任继愈先生百年诞辰纪念文集》，国家图书馆出版社，2016年，第1页。

《沉重的悼念　永恒的遗憾》，《不息集——回忆张岱年先生》，北京大学出版社，2005年版。

《任继愈：哲学性格淡泊人》，《人民日报·海外版》，2005年5月31日。

《四库全书研究文集》序，《四库全书研究文集》，敦煌文艺出版社，2005年版。

《道藏提要》第三次修订本序。

《〈中华大藏经〉编纂记》，《光明日报》，2005年7月14日。

《任继愈禅学论集》，商务印书馆，2005年版。

《国家图书馆藏敦煌遗书》序，《古籍整理出版情况简报》总425期；《国家图书馆藏敦煌遗书》由北京图书馆出版社2005年10月开始出版。

《科举考试制度值得借鉴》，《炎黄春秋》，2005年第11期。

《无神论学会对国家兴亡肩负重要责任》，在中国无神论学会2005年学术年会上的讲话，后刊于《科学与无神论》，2006年第1期。

2006年

1月6日，为国家图书馆古籍馆揭牌。

3月，接受访谈，文稿以《国学大师任继愈访谈》为题刊发于《中国青年》。

4月，接受中央电视台《大家》栏目专访。

6月29日，出席在北京人民大会堂举行的《国家图书馆藏敦煌遗书》编纂出版座谈会，并讲话。

8月26日—27日，在北京参加由中国社会科学院世界宗教研究所、上海师范大学、国际儒学联合会共同组织的“儒学、儒教与宗教学学术研讨会”，会议主题涉及儒学、儒教与宗教学三个议题，开幕时做《继承传统文化精华，迎接文化建设新高潮》主题发言，该文后刊于《中国社会科学院院报》，2007年1月9日，亦载《北京日报》，2007年3月12日，题目改为《再谈儒家和儒教》。

10月1日，在国家图书馆“文津讲坛”主讲“今天看科举制度”。

10月，接受中央电视台《大家》栏目第二次专访。

10月，接受北京师范大学文艺学研究中心研究员王丽专访，访问稿件以《祖国的语文，为什么不学——访国家图书馆馆长任继愈》为题刊载于10月25日的《中国青年报》。

12月12日—13日，参加中国无神论学会在北京召开的“科学与宗教”学术研讨会。

《寿命最短的黄老学派，效应最久的黄老思想》，《齐鲁学刊》，2006年第1期。

《汉字为中华民族立了大功》，《北京日报》，2006年2月13日。

《理直气壮地宣传科学无神论》，《北京日报》，2006年3月20日。

修订本《二十四史》及《清史稿》的现实意义——接受《光明日报》记者采访谈话。

《任继愈：天风海浪自悠悠》，《光明日报》，2006年4月9日。

任继愈先生在中华大典工作会议上的讲话，载《中华大典》简报，2006年5月30日。

《汉字识繁用简的必要与可能》，《国际儒学联合会内参》，2006年第7期。

《皓首学术随笔·任继愈卷》，中华书局，2006年版。

《任继愈：继绝存真　传本扬学》，《百年潮》，2006年第11期。

《任继愈先生在<史学理论及史学史分典>付印样稿评审会上的总结讲话（摘要）》，载《中华大典》简报，2006年10月27日。

《任继愈先生在<中华大典>编纂工作经验交流会开幕式上的讲话》，载《中华大典》简报，2006年12月22日。

《任继愈先生在<中华大典>编纂工作经验交流会闭幕式上的讲话》，载《中华大典》简报，2006年12月25日。

《新版宗教史丛书》总序，《新版宗教史丛书》，江苏人民出版社，2006年版。

《老子绎读》，北京图书馆出版社，2006年版。

《石峻文存》序，《石峻文存》，华夏出版社，2006年版。

2007 年

1月11日，为即将在北京举办的奥运会题词：促进和平，共同发展，广交朋友，共同前进。

2月，在国家图书馆办公室接受北京师范大学文艺学研究中心研究员王丽专访，访问稿件以《一位中国历史文化学者的心愿——访任继愈先生》为题刊载于2月13日的《中国图书商报》。

6月17日，出席北京大学国学研究院成立十五周年座谈会。

7月16日，接受山东电视台专访。

10月1日，在国家图书馆“文津讲坛”主讲“中国哲学的未来”。该文后更名以《建设中华民族共有精神家园——中国哲学的未来》，刊于《光明日报》，2007年12月13日第10版。

11月4日，在“中华大藏经续编编委工作会议”上发表讲话。希望大家群策群力，把这件伟大而浩大的工程做好。

在国家图书馆“部级领导干部历史文化讲座”上做《关于〈道德经〉》的讲演，另刊于《哲学与宗教》第一辑，上海古籍出版社，2007年版。

《通脱之心论古今——任继愈先生访谈》，《中国宗教》，2007年第1期。

《任继愈——人生如同一部厚重的书》，《中国高端访问》，东方出版中心，2007年版。

《中医理论研究要跟得上国力发展》，《中国社会科学院院报》，2007年3月27日第3版。

《努力提高对中医哲学重要价值的认识》，《河北学刊》，2007年第3期。

《培养人才不是蒸馒头》，《人民日报》，2007年4月5日。

《“黄帝与中华文化”学术研讨会贺辞》，原载《光明日报》，2007年4月5日。

《中华民族文化出版事业的一面镜子——写在商务印书馆创办110年之际》，原载《人民日报》，2007年6月6日。

任继愈先生在中华大典工作会议上的总结讲话（摘要）载《中

华大典》简报第164期，2007年6月30日。

主编《中华大典·哲学典》出版，云南教育出版社，2007年版。

《我心中的西南联大》，《人民日报》，2007年11月23日。

《做一个世间俗人——访任继愈先生》，《家庭中医药》，2007年第10期。

2008年

2月24日—25日，出席“《中华大典》编纂出版工作会议”，并讲话。

12月26日，在北京大学英杰交流中心阳光大厅出席“北京大学研究生教育90周年庆典”，并做《研究生不要只想个人前途》为题的讲话。

《实说冯友兰》，北京大学出版社，2008年版。

《国家图书馆名誉馆长任继愈先生专访》，《国家图书馆学刊》，2008年第1期。

《路漫漫·序》，《路漫漫》（第一部），天马出版社，2008年版。

《与时俱进的古籍整理工作》，《古籍整理与出版专家论古籍整理与出版》，凤凰出版社，2008年版。

《国学基本教材·论语卷》序，《国学基本教材·论语卷》，新华出版社，2008年版。

《在〈中华大典〉编纂出版工作会议上的讲话》，载《中华大典》简报第189期，2008年2月24日。

《和志武纳西学论集》序，《云南日报》，2008年4月28日，《和志武纳西学论集》，民族出版社，2008年版。

《以往古籍整理成绩很大，今后古籍整理困难不少》，《古籍整理出版情况简报》总367、368合期。

《小题目，大手笔——怀念陈云同志》，《古籍整理出版情况简报》总412期。

《〈国家图书馆藏敦煌遗书〉序》，《古籍整理出版情况简报》总425期。

《祝贺与希望》，《古籍整理出版情况简报》总第431期。

《〈东方基督教探索〉序》，乐峰编著：《东方基督教探索》，宗教文化出版社，2008年版。

《〈西南联大启示录〉观后感》《西南联大课余学术报告会》两文附录于《西南联大行思录》一书，张曼菱著，生活·读书·新知三联书店，2013年版。

《觉悟了的群体才能推动社会》，《人民论坛》，2008年第6期。

2009 年

7月11日凌晨4点30分，一代哲人在北京辞世。